Receta de **Perdiz con col** Personas 8

de la cocina de 4-2-98

Cinco perdices. Vino tinto. Hierbas.
Zanahoria. Cebolla. Ajo. Col china.
Clavo. Caldo pollo. Nata. Uvas.
Agar 30' las perdices. 3/4 Trufa.
Sofreir cebolla + ajo. Zanahoria. Pasar
por el chino. Añadir caldo y cocer.
Poner dentro las perdices y aca-
barlas. Deshuesarlas.
Hervir hojas de col y poner
dentro perdiz. y darles una vuelta.
Perar uvas. y darles una vuelta
en mantequilla. la perdiz envuelta
en las hojas 10'. añadir a la salsa
Para servir. añadir a la salsa
chorrito de nata y poner por
encima de los rollitos trufa.
... mostaza + tomate + chorizo coñac

... cilia . Juanol.

... a Vinico . 3

EL GUSTO ES MÍO

AGUILAR

Víctor Manuel

EL GUSTO ES MÍO

AGUILAR

A la abuela María
y a Tita, mi madre,
mis primeras cocinas.

Índice

¿De dónde vienen las recetas?

M e han propuesto hacer un libro alrededor de la cocina. La gente cercana que ha pasado por nuestra casa me atribuye méritos de buen cocinero que a mí, que soy consciente de lo que sé hacer, me parecen exagerados, aunque me sienta halagado. No quiero ser modesto, es cierto que suelen comerse todo lo que les sirvo en el plato y a veces repiten, pero es que yo me salgo poco del guion y cuando lo hago, Ana salta como un resorte: «¿Esa receta dónde la has leído?». Si le contesto que en ningún sitio se pone un poco nerviosa hasta que prueba el resultado. Y es que en muchas ocasiones saboreando un plato en algún restaurante deduzco cómo está hecho si la técnica no es complicada y entonces lo pongo en práctica con los mismos ingredientes u otros que pienso le pueden ir mejor.

Es curioso, pero pasé de comer cualquier cosa cuando apretaba el hambre en mis viajes por carretera a buscar lugares que recomendaban las primeras guías fiables. Y ahora aquí estoy, frente al teclado, indagando en mi memoria, buscando olores, sabores y recetas que han formado parte de mi vida. Y la carretera me sirve como metáfora, pues cada folio será una parada en un viaje por diversas cocinas que me han hecho como soy.

La cocina de mi infancia

Recuerdo los primeros olores de una cocina casera, la de mi abuela María. Sus patatas a la importancia cocinadas en un caldo bueno y con dos hojas de laurel que perfumaban toda la casa, o la carne gobernada en un sofrito rotundo. ¿Dónde habría oído mi abuela que la sal podía perjudicar seriamente la salud? Porque ella cocinó siempre con poca sal o ninguna. En el desván se almacenaban las patatas que daba la huerta y las manzanas de la pomarada, que alargaban su vida útil hasta que, de tan arrugadas, ya daba pereza comérselas, pero mi abuela les devolvía la vida en compotas o mermeladas. En la huerta había berza, puerros, nabos, *fréjoles* en verano (judías verdes) y habas pintas, aparte de un cerezal majestuoso que daba al camino del lavadero por donde pasaba gente que iba o venía de lavar, pero también que iba o venía de Paxío, la aldea más próxima a Ribono. Mi madre me contaba que de pequeña era un trasto y que se subía a lo más alto de ese cerezal, bien camuflada, y cuando pasaba gente por debajo les meaba.

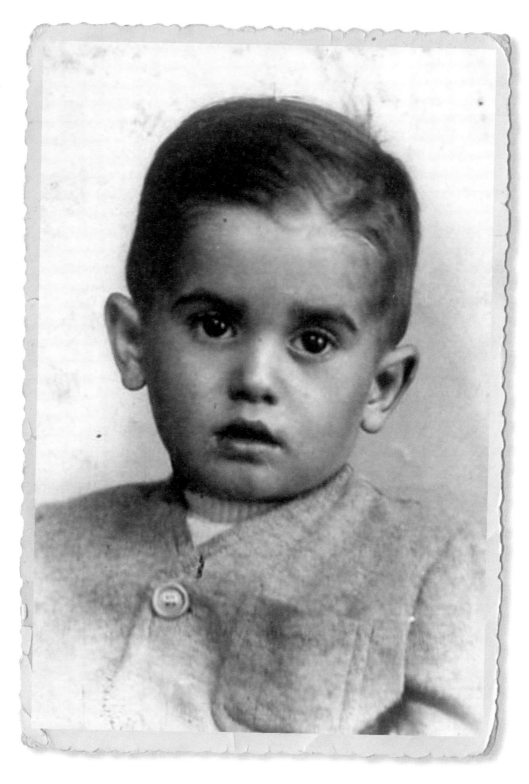

Con dos años

Los domingos muchas veces iba con ella al mercado y alrededor de la plaza de abastos se instalaban un montón de puestos de gente de Mieres o alrededores que traían sus cosas para venderlas: patatas, berzas, cebollinos, algunos embutidos en temporada, fabas. También se colocaban otro tipo de mercaderías. Por ejemplo, Genta, la mujer de Efrén el herrero —padres de Carmina—, vendía *fesorias,* picos, guadañas u hoces. Genta era nuestra vecina, una mujer menuda, dulce y cariñosa.

Me gustaba ir con Tita, mi madre, a la pescadería El Curro o a la carnicería de su prima Magdalena a comprar cordero o medio cochinillo para hacerlo al horno. A veces comprábamos *boroña* (pan de harina de maíz amarillo) preñada con panceta, costilla de cerdo, chorizo o media empanada, aunque ella la hacía mejor que nadie.

Nunca llegué a cocinar en casa porque aquellas madres que teníamos no lo habrían entendido. Por esa regla de tres tampoco aprendí a atarme bien los zapatos, ella siempre se adelantaba y lo hacía por mí.

Nos sentábamos alrededor de la mesa toda la familia en fechas señaladas: primeras comuniones, Nochebuena o 31 de diciembre. Hubo un 31 que no olvidaré. Vino a cenar con nosotros el tío Kiko, hermano de mi abuelo Ángel —el que está en la fosa común del cementerio de Oviedo, fusilado en el 41 después de macerarlo tres años, pues le condenaron a muerte en el año 1938—. Kiko era la alegría y tenía una moto Lube con la que se paseaba, melena al viento, por

Tita, mi madre

Mieres. Siempre traía regalos para todos, pero aquella Nochevieja a mí me entregó una guitarra y con ella comencé a
buscar sentido a lo que me pasaba por dentro: quería ser
cantante y escribir canciones, pero no tenía ni idea de cómo
se hacía. Mi padre tenía un enorme respeto hacia su tío Kiko
y nos lo transmitía, ya que este era una autoridad moral para

El abuelo Ángel

él. Mi madre en aquella ocasión le prepararía un clásico: sopa de pescado y cordero al horno.

Me transporta la memoria olfativa a lentos pucheros aburriéndose en el fuego; a la leche recién ordeñada; a la hierba recién cortada cuando pacían las vacas y al *cucho,* el estiércol de las vacas que emanaba un perfume agradable y se apilaba en montículos cerca de la cuadra. En primavera se extendía por la huerta y los prados para abonarlos. Hay un refrán que dice mucho del descreimiento de los asturianos: «Dios y el *cucho* pueden mucho, pero sobre todo el *cucho».* Esta palabra también se aplica a la música tradicional astu-

Romería de los Mártires, 1951

riana, pues para realzar su valor se dice que son canciones que huelen a *cucho*.

Las estaciones eran muy marcadas y sabías que cuando el cerezo que estaba a diez pasos de la casa se llenaba de flores, eso significaba que dos meses más tarde habría cerezas.

Tres años

Lo mismo ocurría con los manzanos o el peral. La planta de la patata es de las más hermosas, y escarbar con cuidado en la tierra con la *fesoria* cuando ya la planta se ha secado y sacar un puñado de patatas produce mucha alegría. Como euforia producía el olor a hierba seca en el pajar cuando te pasabas horas saltando sobre ella.

Teníamos cocina de carbón y las horas que se demoraba en cocinar en ella inundaban la pequeña casa de olores familiares. A veces cenábamos en un comedor que se pisaba excepcionalmente durante el año, eso sí, con bayetas de fieltro en los pies para no maltratar la cera con la que madre, de rodillas y cantando cualquier copla de Concha Piquer, pulía el suelo. En una esquina de ese comedor, con mesilla propia, se encontraba la enorme radio de galena con emisoras de toda Europa: Hilversum, Ámsterdam, Berlín, Hamburgo, Colonia, Múnich, Fráncfort, Leipzig, Lieja, Amberes, París o Nantes, pero la emisora preferida de mi padre, que no figuraba en el dial y que él sintonizaba con esfuerzo y tapado con una manta para que desde la calle nadie pudiera escucharla, era Radio Pirenaica, oficialmente Radio España Independiente, una emisora creada por el Partido Comunista de España que tenía prohibida su actividad dentro de las fronteras españolas. Fundada por la dirección del partido con Dolores Ibárruri *Pasionaria* al frente. Años más tarde supimos que emitía desde Bucarest. Con la llegada de la democracia a España, cerró el 14 de julio de 1977. Desde Madrid emitió la primera sesión de las Cortes que elaboraron la Constitución del 78.

Aprender a comer

Mis primeras responsabilidades en la cocina comienzan en Madrid cuando empiezo a vivir solo y tengo que ir al Mercado de Olavide y elegir. Compraba sobre todo pescado. Filetes de gallo, parrochas, pescadillas, boquerones, mejillones para hacerlos al vapor... No arriesgaba nada, sabía qué me gustaba y no salía de ahí. Cocinar para uno es aburrido. Cuando Ana entró en mi vida, ya éramos dos, a cual más limitado en los fogones. En los primeros tiempos las visitas solo comían lo que salía de la parrilla: chorizos, chuletas de cordero, solomillo, morcilla... Nos fuimos sofisticando con el paso de los años porque aprendimos a comer comiendo. Por ejemplo, escogiendo en las rutas de carretera dónde parar para almorzar.

Los viajes me abrieron los ojos y el gusto por lo desconocido. Me dejaba sorprender. Ayuda mi aparato digestivo, que parece capaz de reciclar piedras. Únicamente enfermé una vez de manera fulminante y solo pudo ser un pimiento rojo asado. Lo estoy visualizando: picaba ligeramente y poco después me desbordé. Estaba cantando en el Palacio de Congresos de Granada, durante la gira *Vivir para cantarlo,* y en mitad de la actuación salí disparado al camerino mientras David y Ovidio improvisaban lo primero que se les pasó por la cabeza. Acabamos, pero la noche fue terrible. A primera hora me reconoció el médico y, al ver mi debilidad, me recomendó descanso. «Sí, claro —le dije—, esta noche canto en Consuegra».

Me aficioné a probar cosas a veces indescifrables y en los lugares más diversos y menos recomendables. Todas las experiencias que recuerde estarán presentes en estas páginas, desde los almuerzos más largos, eternos, generalmente en México, que solían comenzar con una margarita, un tequila o un whisky, a los más cortos (bocadillo y carretera). También reflejaré las visitas a los mercados, que son lugares donde siempre se me puede encontrar. La verdad es que conozco muchos y suelo regresar a casa con mercancía fresca. Compro siempre más de lo que puedo o debo comer. «Cocinar hizo al hombre», escribió Faustino Cordón, biólogo evolutivo, sabio y divertido. Con él y otros amigos viajamos a San Petersburgo y Moscú. Yo fui poco a poco aprendiendo a comer. Me hice así a mí mismo.

Ingredientes de la vida: giras y almuerzos

Comencé a girar de forma continuada en el año 1969 y desde entonces no tengo la sensación de haber parado nunca. Ha habido pausas más o menos largas porque te aparcas tú mismo a escribir canciones o porque necesitas desarrollar un proyecto. También porque años atrás grabar un disco nuevo se convertía en un trabajo interminable. Había dinero en la industria y no se ahorraba ni en viajes ni en tiempo.

En aquellas primeras giras —la primera concretamente la hice en un Mini donde cabíamos el mánager, un guitarrista y yo, además del precario equipo de sonido— acudías a lo básico a la hora de almorzar: potajes, carnes a la parrilla, arroces y nunca pasta, pues hasta no hace demasiado tiempo la pasta era intolerable en restaurantes de carretera. El primer arroz que me pareció estupendo en su momento lo comí en la playa de la Malvarrosa, en Valencia. Canté cinco días en el cabaret Lara, un espacio pequeñito en el centro de la ciudad, allá por el año 1965 —de vez en cuando surgía alguna actuación, muy espaciadamente—. Comí todos los días en el mismo lugar después de bañarme en la playa. Vivía en una pensión junto a la plaza de toros y a primera hora de la tarde me metía en el Teatro Ruzafa para ver aquellas funciones de género arrevistado. Allí vi por vez primera a Rafael Conde *El Titi* cantar aquello de «la mascletá de tus besos en mi boca se estrelló»; no recuerdo si en aquellos tiempos ya cantaba su gran éxito *Libérate…*

Me aficioné a las especialidades regionales en sucesivas giras. Así fui conociendo las frituras en Málaga; en La Carihuela primero, luego en El Cabra, en El Pedregalejo. Durante años probé esos espetos de sardinas… en Cádiz o en Sevilla. Tampoco olvido las gambas en Huelva… Recuerdo que en Punta Umbría había un bar que se llamaba El Tercio, con una terraza fuera para darles facilidades a los mosquitos. El dueño, que era muy expeditivo, te servía almejas o coquinas al vapor y al instante. Lo que hacía era poner sobre el producto una campana de hoja de lata que él había construido

Cargando el Mini

y que acoplaba al vapor de la cafetera. Estas raciones al instante estaban buenísimas, al igual que los lenguados, que se salían del plato. Otro placer era el atún en Barbate y alrededores; no había la explosión de ahora en torno a este pescado, pero, por ejemplo, en Zahara de los Atunes ya se comía muy bien. También besugos, corvinas..., me gustan sobre todo los pescados de descarte, no temo a las espinas. La provincia de Cádiz es de una variedad gastronómica abrumadora: adobo, bienmesabe, ortiguillas, papas con chocos o la piriñaca (con tomate —que aparto—, pimientos, cebolla, aceite, vinagre de Jerez y puede llevar encima un trozo de urta o caballa asada o también alguna conserva de atún o melva)...

En Jaén, Andalucía interior, me topaba con escabeches sublimes, alcachofas confitadas, choto frito, lomo de orza, canutillos... En Úbeda nos instalábamos diez o doce días cada año y cantaba en las ferias de alrededor: Andújar, Alcalá la Real, Cazorla, Baeza, Bailén, Jódar, Linares, Huelma y, por supuesto, Úbeda. En esta última localidad, en 1996 el ayuntamiento nos declaró personas non gratas de una tacada a Miguel Ríos, Ana Belén, Joan Manuel Serrat y a mí porque no nos subimos al escenario durante la gira de *El gusto es nuestro* después de horas de lluvia sobre un campo de fútbol, de tierra, que estaba absolutamente embarrado, donde los camiones con material tuvieron que ser remolcados para salir de allí. El perito había dictaminado que allí no se podía tocar. ¿Nos habrán levantado la calificación de personas non gratas?

Bueno, pues no se pierdan Úbeda, una ciudad bellísima, donde hay tanto que ver. Allí visitaba a los Titos, una familia de alfareros; todavía, por aquel entonces, vivía el patriarca. Nuestra casa está llena de orzas y platos de uso corriente o decorativo comprados en aquellos años o posteriores. Los usamos comúnmente desde hace unos cuarenta años y, claro, tienen algún descascarillado, pero son de un verde único. Tuve el privilegio de asistir un día a la apertura del horno donde se habían estado cociendo las cerámicas.

Fuente de los Titos

Se come muy bien en Úbeda, a veces tapeando y otras con mantel: paté de perdiz, habas tiernas, morcilla sin embutir, andrajos (torta de harina con sofrito de tomate, ajo, cebolla y pimiento rojo adornada con bacalao o con liebre en temporada) y también ochíos (un pan hecho con aceite y pimentón). Canté hace unos meses en Linares y un amigo me trajo ochíos, «porque sé que te gusta mucho Úbeda», y, cómo no, pipirrana (ensalada de pepino y tomate). Y siempre, siempre, está la posibilidad de llegar a Casa Juanito, en Baeza, y comer las alcachofas de Luisa, la fundadora, unas patatas a lo pobre con lomo de orza o un cocido mareado.

Comí un invierno en Almería una olla inolvidable, rotunda, con trigo, garbanzos, rabo, oreja y verduras. En Córdoba el salmorejo, las berenjenas en todas las formas posibles —las más ricas: fritas y con un puntito de miel de caña—, las alcachofas con vino de montilla y también azafrán o comino y taquitos de jamón frito...

En Granada no hay que perderse la tortilla del Sacromonte, que, ¡ojo!, lleva sesos y criadillas de cerdo y por eso hay gente que se espanta al pronunciar su nombre, pero ¡si la probasen!..., está para chuparse los dedos; o también se puede disfrutar del rotundo cocido de San Antón con judías blancas, papada, rabo, oreja, costilla y lo que quieran añadir del cerdo. También se puede bajar a la costa después de esquiar o caminar por Las Alpujarras y probar tortitas de camarón o un guiso amarillo de cazón con patatas. Todo eso en Motril. De paso, es posible visitar La Azucarera; Ana y yo cantamos en el exterior cuando solo era un proyecto de rehabilitación, ahora hay un museo del azúcar, un restaurante y los alrededores cuentan con árboles con frutas tropicales: mangos, aguacates, chirimoyas, lichis, pitahayas, papayas, cañas de azúcar, guayabas… Y ahí arriba, Sierra Nevada.

Hay que tomar caldero en Murcia, el primero en El Mosqui, en Cabo de Palos. El caldero es un arroz extraordinario y su caldo se consigue de pescados menores, morralla comúnmente, de roca, doraditas, tomate, ajos, muchas ñoras y arroz; pero también pueden comer zarangollo y michirones, morcilla de verano, huevas de mújol o de atún. Uno no puede perderse la olla fresca en el invierno de Beniaján, con alubias, garbanzos, pencas, manos, morro y tocino. Y de colofón en este trayecto culinario, un suculento desayuno de migas con tropezones.

En verano abuso de los escabeches, pues pierdo algo del apetito que habitualmente tengo y si encuentro escabeches, ahí me voy. Da igual que sean de sardinas, de bonito, de raya, de jurel, de codornices, de perdiz (sobrevalorada), de bacalao, de mejillones o que sean verduras en escabeche como las alcachofas y el hinojo. También ostras escabechadas.

A veces teníamos largas estancias en Valencia, Alicante o Elche y ahí conocí otros arroces. Siempre que estaba a una distancia manejable dormíamos en el Huerto del Cura (Elche). En los alrededores se encontraban Orihuela, Santa Pola, Torrevieja, Villajoyosa… He cantado en tantos lugares… En el Huerto hacían muy buenos arroces, incluido el más rotundo de los que conozco: el arroz con costra o con pata de ternera, pero también el más delicado: el arroz a banda o el que llaman del *senyoret* porque todo está limpio y no tienes que pringarte las manos.

En la costa puede uno probar la gamba roja, pero la excelencia para mi gusto está más abajo, en Garrucha, cerca de Mojácar, donde hemos pasado algunas vacaciones. Allí uno de los placeres era ir a la lonja al caer la tarde y regresar con gamba roja y caballa recién desembarcada. Procuraba cenas inolvidables. Me recuerdo en la planta de abajo de la casa, mientras llegaba el olor de la gamba roja a la plancha, escribiendo eufórico la adaptación de *El hombre del piano,* la extraordinaria canción de Billy Joel, modelo de *songwriter,* como lo es Elton John.

Llegar a Galicia siempre era una fiesta, podías pasar por Carballiño y encontrar un buen pulpo, mejor cuanto más te adentrabas en el interior, en restaurantes como Comonacasa, el Fuchela o el Carral. Pero también era una parada en el recorrido el restaurante A Pulpeira de Melide, en la plaza de España de A Coruña, donde hay que entrar de rodillas. Igual que en los locales de Oleiros o en la misma Casa da Troya en Madrid.

El pulpo, como tantas cosas, se acaba y la que era una comida popular será de lujo más pronto que tarde. Tras leer *El alma de los pulpos,* de Sy Montgomery, no puedo evitar que cada vez que troceo una pata para comerla con patata cocida chorreada con aceite de oliva, sal y pimentón se me vengan a la cabeza sus ojos, que cambian de color para adaptarse a la profundidad de las aguas y que con toda seguridad me están viendo paladearlo, sus terminales nerviosas y su demostrada inteligencia emocional. No sé si algún día dejaré de comerlo… Me llama la atención su manera de procrearse, compleja y trágica. Una vez que la hembra pone los huevos, que pueden ser miles, los incuba. Durante este proceso deja de comer e incluso se automutila, y muere cuando los huevos empiezan a eclosionar. Poco después el macho corre la misma suerte. Así no hay quien pueda.

El menú gallego continuaba con una empanada con masa de maíz con *xoubas* dentro (sardinillas), o también podía ser de mejillones o de bacalao, en Casa Loliña, en Carril, seguida de un arroz con almejas o un rodaballo de la casa o un rape. Y, por supuesto, los mariscos y el arroz con bogavante. Te reconcilia con el mundo, es imposible encontrar un lugar más honesto.

Otro gusto era adentrarse en la cocina rotunda de Lugo, de Vilalba a Mondoñedo, y degustar un lacón con grelos o caldos gallegos, que te vuelven a la vida en pleno invierno. De postre, que no falten las *filloas*.

Cuando yo era joven, solía cantar mucho en el interior de Galicia, en pleno campo, en discotecas que contrataban atracciones cada fin de semana y además sorteaban un coche cada cierto tiempo para el que ibas acumulando números. Eran paredes, naves descarnadas, ligeramente acondicionadas. Recuerdo una discoteca en Muimenta (Lugo), enorme.

Llegamos a probar sonido despúes de almorzar como cerdos y yo me desparramé en un sofá de tres plazas que había en el camerino. Estaba adormilado y escuchaba voces en el escenario. Creía entender que el encargado o dueño de la sala no estaba conforme con el equipo de sonido que llevábamos y decía que no se iba a escuchar bien en todos los rincones porque el espacio era muy alargado y teníamos un equipo que se apoyaba en el suelo cuando lo suyo era que los bafles se incrustaran en unas barras y quedaran bien levantados. Cuando la discusión subió de tono, me desperecé y salí al escenario para preguntar qué coño pasaba. El que llevaba la voz cantante en aquel momento estaba alterado y de nuevo pregunté qué le pasaba; me contó sus recelos con el equipo de sonido que aún no se había puesto en marcha y le dije que si quería nos íbamos, pero que antes debía firmarnos un papel de conformidad. «¿Y usted quién es? —preguntó—. Ah, bueno, acabáramos».

De discoteca en discoteca y otros manjares

Todo esto me lleva a más anécdotas de discotecas y almuerzos. En Viveiro, después de zamparse la mariscada del siglo, tenían concierto Miguel Ríos y Los Canarios con Teddy Bautista al frente. Teddy presentaba su último trabajo, *Las cuatro estaciones* (con pura tecnología del momento, lo último,

Minimoog, Mellotron y demás), y Miguel, *La huerta atómica;* una unión temporal de empresas que prometía trabajo. Comenzaron a tocar y saltaron los plomos varias veces. La necesidad de energía era demasiada para la potencia contratada. Volvió una y otra vez la luz y poco después reventó el cuadro eléctrico. A la tercera vez que ocurrió, el empresario de la discoteca, mesándose los cabellos, se presentó en el escenario y le soltó a Teddy: «Pero vamos a ver, ¿es absolutamente imprescindible la luz eléctrica?».

Miguel y yo coincidimos una noche en el mismo pueblo: Cebolla, provincia de Toledo. Dos discotecas al aire libre combatían a muerte para tratar de arruinarse en un territorio muy pequeño. Fiestas. A las doce de la noche programaron las dos actuaciones mirándose fijamente a los ojos los dos empresarios. Encendieron los equipos a su hora y Cebolla se quedó sin luz. Miguel por su lado y yo por el mío regresamos a Madrid.

En otra ocasión, mis músicos y yo habíamos llegado a una discoteca de Bueu después de zamparnos una mariscada, con empanadas y pulpo, que habían preparado los que nos habían contratado. Mientras los técnicos organizaban el escenario, los músicos y yo nos quedamos somnolientos en los coches esperando a que nos avisasen para probar sonido, pues cada día de concierto hay prueba de sonido —ya lo cantó Miguel Ríos en *El blues del autobús:* «Siento que el equipo aquel nunca suena igual, ¿qué misterio habrá?»—. Antes de que la prueba llegase, el dueño nos anunció que había un aviso de bomba y que debíamos desalojar el recinto. Yo, que dormía en el coche, pregunté si también tenía que irme. Me dijeron que no. Cuando acabó la actuación, el empresario me confesó que pasaba a veces. Cuando los traficantes querían meter tabaco por el puerto, daban aviso de bomba y todo el retén de guardias civiles se desplazaba al lugar, así el puerto quedaba desprotegido. Eso era lo que ocurría. Por cierto, el marisco y la empanada estaban buenísimos.

Solo es tirar del hilo y no dejan de asaltarme sabores y recuerdos. Pues eso es lo que pretendo con este libro: no dejar de bucear en la memoria y compartir con ustedes un personal libro de recetas... Y algo más, compartir trozos de vida. Lo que quiero contar realmente es de dónde vienen esas recetas que cada día salen de mi cocina... Salud y buen viaje.

1

El hijo del ferroviario

Fui un niño extremadamente delgado. A cualquier comida le hacía ascos. Mi madre decía que comía como un pajarín. Me gustaban las sopas, hasta las de Avecrem, y aparqué hasta mucho más tarde el pote asturiano o la fabada. En casa se hacía una buena empanada asturiana que llevaba dentro chorizo cortado en lonchas, huevo cocido laminado y, si había, trocitos de jamón o panceta. De eso me alimentaba. Soñaba con bollos *preñaos,* pero para eso había que esperar alguna fiesta o alguna romería en un prado, es decir, ocasiones especiales. La abuela María sentenciaba: «*Esti neñu ta muy ruinín*».

El *gochu,* centro del universo

Me gustaba el chorizo con pan y eso que ya sabía de dónde venían aquellos chorizos, que se habían secado ahumándose en la cocina de leña, porque un domingo por la mañana, unos meses antes, había ido con mi madre al mercado de ganado para comprar un *gochu* (cerdo). Una vez cerrado el trato, le atamos una cuerda al cuello y con un palito le fui azuzando hasta casa. Era precioso; aunque habían lavado bien a toda la camada antes de traerlos al mercado, el nuestro ya se había refocilado en una buena bosta que le cubría todo lo que después iba a ser un jamón. Al llegar a casa lo lavamos y quedó como nuevo. Era terco —los *gochos* son tozudos— y cada dos pasos que daba se paraba para olisquear algo, si era una mierda de perro, mejor. Era guapo, pero nada comparable a una ternera pinta recién destetada de dos meses a la que me daban ganas de comerle los morros mientras me observaba con esa mirada acuosa. «¿Por qué no la compramos?», le pregunté a mi madre. «¿Y qué *facemos* con ella…?, ¿vas a llevarla al matadero y comer los filetes cuando crezca?». «¿Y al *gochu?»,* pregunté. «No *ye* lo mismo», zanjó ella.

Bajando la cuesta de la casa hasta la vía del tren, periódicamente, el veterinario se citaba con los dueños de los cerdos que bajaban de Seana, Ribono, La Fonda… Ahí los atendía a todos. Los capaba con dos incisiones precisas, les extraía los huevos y allí mismo, con una buena aguja y bramante, los cosía y les daba una palmada en el culo. De vuelta a casa iban gritando de forma desgarradora. Desde hace años se practica la castración por vacuna, pero antes era a las bravas. Se realizaba cuando eran muy jóvenes para que su carne en la edad adulta no tuviese un olor demasiado fuerte y también para que estuviesen más infiltrados de grasa.

El *gochín* era el centro del universo. Cada tarde mi madre le calentaba la comida. Meses después, exactamente once, le llegó su hora. Durante todo este periodo la verdad es que más que terco era intratable. Iba adquiriendo derechos poco a poco y llegó un momento en el que ya no hacía caso a nadie. Por ejemplo, se empeñaba en ir por donde le daba la gana y si ibas por un camino y había una bifurcación, él tomaba el que menos convenía. También al volver para la cuadra hacía amagos de no querer entrar y si le empujabas o le dabas con la vara, se revolvía. No es que esto ocurriera con un cerdo, una temporada, es que eran todos; llegada una cierta edad, algo genético les anunciaba que eran imprescindibles para espantar la *fame* y se volvían más caprichosos y egoístas.

Se me salieron los ojos de las órbitas cuando vi la primera matanza del *gochu*. Me tapé los oídos porque no podía soportar sus gritos, que percutían en mis sienes, sin poder apartar la vista del chorro de sangre que resbalaba hasta un caldero desde el agujero que el cuchillo le había hecho como una cuarta más abajo de la oreja. A esta imagen le puedo aplicar un adjetivo: inolvidable. Yo terminé ayudando a embutir en las tripas aquella masa adobada... a la que dos días atrás había sacado a pasear por el caminín que subía a Seana, nuestra parroquia, e incluso la tarde anterior al ajusticiamiento le había llevado a la cuadra el potaje, siempre templado para que no se le quemase el cielo de la boca. Un potaje que mi madre le preparaba con patatas, verduras, algo de pan si sobraba, harina de maíz, unos puñados de cebada y algunos restos. Durante once meses repetí esa operación y el *gochín* ya debía de estar cerca de los doscientos kilos cuando apareció el matarife…

O sea que, como he dicho al principio, sabía lo que me estaba comiendo. Entre todos los mayores, atado con una cuerda, lo tumbaron sobre una mesa baja y, una vez degollado, vi cómo hacían manojos de hierba seca, le prendían fuego y le iban quemando la piel hasta que desaparecían los pelos, incluso dentro de las orejas. Olía a carne chamuscada. Luego lo abrieron en canal después de rasurarlo con una navaja barbera y lavarlo exteriormente con varios cubos de agua. Lo despiezaron, le sacaron las tripas, la lengua, la tráquea, los pulmones y el hígado. Todo humeaba en un balde grande de los que se usaban para llevar la ropa al lavadero. Apartaron en una artesa las cosas para salar: pancetas, lomos, tocino, cabeza, lacones, jamones, huesos y costilla. Todas estas piezas iban a estar meses ahí, en una habitación donde entraba todo el frío de la calle por una trampilla. Todo lo colocaban en capas, echando bien de sal para que llegase a todos los rincones. Picaban a mano las carnes y tocinos para hacer chorizos y lo adobaban con ajo y pimentón dulce y picante. Eso es lo que llamábamos el picadillo, que una vez que pasa por la sartén es un manjar con huevos fritos o encima de un *torto* de maíz o entre pan. Así que, repito, sabía perfectamente qué me estaba comiendo.

No conseguí dormir esa noche hasta muy tarde. Escuchaba los chillidos del *gochu* cuando lo acuchillaban y el sonido de la sangre espesa que caía en el caldero me acompañó hasta la madrugada. Al cerdo lo acuchillaban los hombres y, una vez abierto en canal, las mondongueras, ellas, se hacían cargo del proceso posterior.

También hacíamos morcillas, pero menos cantidad que chorizos. Las tripas se rellenaban con una mezcla de la sangre del cerdo que había caído en el cubo cuando lo remataron a la que se añadía tocino, cebolla, pimentón, ajo y sal.

El *gochu* ha quitado mucha hambre en Asturias. La economía de subsistencia de la posguerra y los años que la siguieron se sustentaba en el pilar del *gochu,* que alimentaba a las familias durante todo el año. Los romanos nos enseñaron cómo organizar la matanza, que se llevaba a cabo siempre alrededor de San Martín, el 11 de noviembre. En esa fecha ya hace el frío necesario para que junto a la sal se produzca la curación, pero el sacrificio ritual en las casas se alargaba hasta febrero y marzo. A cada *gochu* le llega su San Martín. Pero este dicho popular habla también de nosotros como una metáfora de algo que no somos capaces de posponer.

Los asturianos organizamos parte del año alrededor del cerdo: las jornadas de la matanza como arranque, a las que siguen, singularizadas, las jornadas de los callos, lengua, costillas con patatas o con fabes, la de la morcilla, lacones, jamones, manos rellenas, sopas de hígados, arroces con matanza, botillos con berza y patatines o *tortos* de maíz con picadillo o con *sabadiego*. A veces los organizadores se pasan de cursis o de posmodernos y llaman a esas jornadas la cerdoexperiencia. Pero un menú degustación podría componerse de sopa de hígado, pote de berzas, boroña preñada, manos de cerdo, callos, lengua estofada, picadillo, lomo… Algunos organizadores protestan porque no les permiten el ritual completo, o sea, clavarle el cuchillo en la aorta hasta que se desangre y despiezar al animal a la vista de todos. Dicen que con una pistola eléctrica no es igual. Efectivamente no es igual: estoy completamente seguro de que la asistencia a esas jornadas se vería drásticamente reducida.

Noreña, en el centro de Asturias, que todo se lo debe al cerdo, tiene un monumento al *gochu*. Los asturianos creemos en pocas cosas, pero a más de uno se le ha visto persignarse a los pies del monumento. Si hay alguna reclamación en cualquier barrio (colector con malos olores, asfaltado de algún camino o escuela con goteras) se arma una fabada reivindicativa en la calle, con su lacón, sus morcillas y chorizos. Se instalan mesas y sillas de tijera y cada vecino contribuye con una cantidad para el condumio y la bebida. Esa es la forma de protestar, comiendo, claro.

Entre cerezas y otros recuerdos

Vivíamos al final del puente de la Perra, lo nombraron así porque era un puente colgante sobre el río Caudal y había que pagar una perra gorda (diez céntimos de peseta) para cruzarlo; después de atravesar la vía del tren había un camino de unos cien metros con una pequeña cuesta para llegar a nuestro hogar. La primera casa que te encontrabas era la de Delfina, ella y su hija Irene cogían puntos a las medias. Esta labor no tengo capacidad para explicársela a los jóvenes, pero los mayores saben perfectamente de qué hablo. Los domingos por la tarde todos los vecinos jugábamos a la lotería, se repartían los cartones por toda la casa y echábamos la tarde cantando línea, bingo...

Más arriba te topabas con la fragua y la casa del herrero Efrén, Genta, su mujer, y Carmina, su hija. Ellos eran los dueños de nuestra casa. Había otra igual al lado donde vivían Sinda, su otra hija, y Lelo, su marido, guardia municipal, con sus niñas. Teníamos una huerta delante y otra al costado izquierdo, más grande, detrás de la cuadra donde criábamos al *gochu*. Delante de las casas se extendía un patio con dos cerezos y a la derecha la fragua. Me gustaba el tiempo de las cerezas y me subía a cogerlas cuando iban madurando. Es la fruta más bella, la que más me gusta. Mis abuelos maternos tenían en Ribono un cerezal gigante que daba muchísimo fruto y las recuerdo como las mejores que he comido nunca. Estragos de la memoria.

Con Tita y Ángel delante de casa

Esas tres viviendas no tenían baño interior. Solo había un inodoro, una especie de caseta detrás del lavadero, que utilizábamos todos los vecinos, también para vaciar las bacinillas que empleábamos en las casas. Ese lavadero tuvo un destino trágico. Efrén, Genta y Carmina, su hija, pleitearon durante años con los vecinos del prado y de la casa de arriba, que exigían servidumbre de paso, o sea, un camino para subir en coche, atravesando un prado de su propiedad. Yo mismo, con cinco años, fui testigo en un juicio entre los dos propietarios: Efrén y Genta contra los de arriba. Lelo, policía municipal y yerno de Efrén, se enfrentó a la dueña de la otra finca, la agarró del pelo cuando pasaba por el sendero y la tiró al suelo. «¿Qué le dijo?», me preguntó el juez. «¡Ojalá te salga un cáncer en el *ratu* (coño)!», contesté yo, y rompí a llorar. Hubo más juicios y recursos; finalmente Genta y Efrén, que ya se había muerto, perdieron. Genta, que era una mujer menuda, decidió tirar por la calle de en medio y un sábado, de madrugada, salió de la casa y se ató una cuerda al cuello y al final de la cuerda, una piedra. Con tan pocos elementos y con tanta voluntad se tiró de cabeza al lavadero y ahí la encontró Carmina, su hija, con las patas fuera y la cabeza dentro del agua.

Sabores y recetas asturianas

Me gustaba el rollo de bonito, que se picaba en trozos muy pequeñitos; después adobaban la masa con ajo, perejil y cebolla, extendían un paño y ponían un poco de harina antes de tender el bonito; entonces se enrollaba ligeramente apretado y se cosía el paño antes de ponerlo a hervir brevemente. Se sacaba y se dejaba enfriar antes de desenrollarlo y servirlo.

Tampoco pueden faltar en este menú de recuerdos las patatas a la asturiana, que se cocían con carne en trocitos, chorizo y jamón. También se añadían guisantes, una zanahoria cortada y un chorro de tomate y otro de vino blanco. Fundamental una cucharadita de pimentón.

Tardaron en gustarme los callos a la asturiana, que allí se cortan en trozos muy pequeños, preferiblemente del estómago de una ternera, acompañados de garbanzos, chorizo en rodajas, morro, jamón, laurel y ajo.

Ya de mayor conocí la longaniza de Avilés, que es un manjar y no tiene nada que ver con cualquier otro embutido. Búsquenla, aunque solo la encontrarán en Avilés. La mezcla que se embute en la tripa es un secreto tan bien guardado como el de los refrescos de cola que los fabricantes guardan bajo llave. Se cuece durante un tiempo prolongado en un buen caldo fabricado con los ingredientes del cocido y se sirve acompañada de patatas cocidas al mismo tiempo.

Mi madre —mi padre solo entraba en la cocina para comer— hacía unas cebollas rellenas riquísimas, yo las he preparado alguna vez pero son muy laboriosas. Tienes que escoger cebollas dulces, pequeñitas y que sean iguales de tamaño, quitarles la primera capa y ahuecarlas con cuidado para que no se rompan, sin llegar hasta el fondo. Se prepara una masa con buen bonito de lata o mejor ventresca, huevo cocido, puré de tomate y con todo eso bien amasado, o con los ingredientes que se quiera, se rellenan las cebollas tapando la parte de arriba con un trozo de cebolla que se sujeta con un palillo para que no se salga la masa. Se fríen las cebollas en aceite abundante para rebajarles el orgullo, como decía mi madre, hasta que estén doradas, y se colocan en una pota. Con un poco del aceite que se ha empleado para freírlas se prepara una salsa con cebolla picada, perejil, laurel, pimiento picado, puré de tomate, una cucharada de harina, un vaso de vino blanco y un ajo machacado; después se hierve un poco y se echa sobre las cebollas. Si te quedas corto, añades un poco de agua y se cuecen hora y media tapadas, pinchando de vez en cuando para ver cómo se enternecen. Son tan ricas calientes como frías.

Siempre que había una celebración extraordinaria como Nochebuena o Nochevieja se preparaba de primero sopa de pescado y algo de marisco y de segundo cordero o besugo.

Cada domingo, cerca del mediodía, mi padre nos llevaba a mi hermano Ángel y a mí a Casa Valerio, enfrente de la estación del Norte, donde él trabajaba, y pedía para nosotros un vermú con sifón (soda) y unas aceitunas rellenas y patatas fritas. El etanol iba directamente, sin pensarlo, del torrente sanguíneo al cerebro y la dopamina se manifestaba a través de las chiribitas que hacían los ojos. Era un instante que recuerdo extrañamente feliz. Tita, mi madre, nos esperaba con un arroz con pollo o unos filetes rusos, o albóndigas, o carne guisada con *arvejos* (guisantes), y de postre, casi siempre, arroz con leche o *frixuelos*.

Nunca tomé ensalada con la comida hasta los veintitantos años, cuando empecé a vivir con Ana. Cuando se preparaba en casa, y no era muy común que se hiciese, siempre le ponían trozos de tomate y me ofrecían: «Mira, te quitamos el tomate», pero yo sabía que ese tomate había rozado la lechuga en algún momento y además tampoco me gustaba la cebolla cruda.

… Nada sabe tan dulce…

A un lado de nuestra casa estaba la cuadra de Efrén y Genta y allí vivían dos vacas. Quien las cuidaba, las limpiaba y las sacaba al prado a pacer era su hija Carmina. A eso de las siete de la tarde las recogía y las ordeñaba. Yo me presentaba con un cacillo de porcelana y ella me lo llenaba. Nunca he olvidado el sabor de esa leche tibia, recién ordeñada, con su regusto a yerba apenas cortada.

Mi madrina Rosa también me daba leche cuando ordeñaba y yo andaba alrededor. Ella vivía en Ribono con Flor, mi padrino, muy cerca de la casa de María y Vítor, los abuelos. Los padrinos hacían la vida en el piso de arriba y en el de abajo, a pie de calle, estaban las vacas, así que tanto el dormitorio como la cocina contaban con una calefacción natural producida por los animales. Flor era muy rumboso, tenía un caballo y los domingos sacaba el *xarret,* que era una especie de transporte ligero, ágil y de dos plazas. Lo enganchaba al caballo y él se ponía un traje marrón con rayas blancas muy finitas, sombrero, zapatos bicolores, marrones y blancos, y un clavel en el ojal de la chaqueta. Entonces, de esta guisa, se iba a lucirse a cualquier feria de ganado que hubiese en los alrededores. ¡Cómo le gustaba saludar desde el *xarret!* Era extremadamente generoso y me daba dos duros cuando de tarde en tarde lo veía; yo me sentía un príncipe porque podía comprar diez cuentos de Calleja, a peseta cada uno.

Con motivo o sin él, en casa se hacían *frixuelos* muy a menudo. De eso comía mucho. Se hacen con harina, ralladura de limón, huevos, leche y azúcar. Se echa todo esto en un cacharro, se mezcla bien y se pasa por un colador para que no queden grumos. Untas una sartén pequeña con aceite, pero hay que tener en cuenta que el frisuelo no se fríe. Cuando está caliente, echas una o dos cucharadas de la masa, depende del tamaño de la sartén, y una vez que cuaja se le da la vuelta con una espumadera y se van colocando en un plato uno sobre otro espolvoreando cada capa con un poco de azúcar. Hay otra versión más salvaje, sin azúcar y con un poco de sangre de la matanza; en ese caso la sangre se echa sobre el *frixuelo* para que caliente y se envuelve como una tortilla francesa. Estaría comiendo *frixuelos* toda la vida, y que me hicieran una mortaja con ellos antes de quemarme sería un detalle.

Los pasteles que más me gustaban eran los de crema pastelera y los borrachinos. Chupar de un bote de leche condensada era un manjar de dioses y mi madre nos lo escondía.

Me lo han discutido a veces porque no es normal tener una memoria tan precoz, pero estoy seguro de que el primer recuerdo que guardo en mi cabeza se remonta a cuando tenía apenas dos años. Les cuento por qué. Para repartir huevos y pollos, mis padres tenían un almacén enfrente de la estación, donde estaban el fielato y Casa Valerio, como a diez minutos de casa. Mi padre hacía su jornada en la estación de Renfe y mi madre se acercaba a preparar pedidos que mi padre repartía hurtándole horas al ferrocarril, que por supuesto no

El abuelo Vitor y la abuela Maria

le necesitaba todo el día. Ella tenía que dejarme solo en casa porque mi hermano ya estaba en párvulos. La única solución era subirme encima de la mesa que daba a la ventana, amarrarme un cinturón al cuerpo y engancharme a la reja si hacía buen tiempo y si hacía malo a un saliente que había en la contraventana. Entonces me ponía un bote con un poco de azúcar entre las piernas y me daba un trozo de pan para que yo fuese mojando. Un día me meé encima y mi hermano sí que estaba esa vez cuidándome, así que en cuanto vio cómo estaban los zapatos, los metió al horno para que se secasen.

Los viajes del hijo del ferroviario

El ferroviario crea casta y se solidariza automáticamente con los suyos. Lo he vivido por toda España. Sobre todo en los nudos: Venta de Baños, Miranda de Ebro, Monforte de Lemos, Alcázar de San Juan... Cuando yo tenía seis o siete años mi padre hizo conmigo una cosa que ahora mismo sería impensable. Estábamos en la estación del Norte, en Mieres, el lugar donde él trabajaba, y me preguntó: «¿Tú quieres ir hasta donde acaba el tren?»; «Vale», dije. El tren terminaba en San Juan de Nieva, más o menos a sesenta kilómetros. Me subió al vagón, advirtió al revisor de que era su hijo y me dijo que cuando llegara al final del viaje no me moviera del sitio porque en diez minutos el tren regresaba para Mieres y él me iba a estar esperando en la estación... Estoy hablando de un viaje de tres horas. Cuando regresé a la estación y abrí la puerta del vagón, desde arriba, me tiré a sus brazos. Soy hijo de ferroviario.

Puente de la Perra

Se salía poco en aquellos tiempos. Se viajaba nada. Estaban las fiestas de San Juan en Mieres, que duraban siete días y entonces allí llegaban feriantes, todo parecía airearse con los teatros ambulantes, las churrerías o la instalación de una plaza portátil de toros donde había alguna becerrada y lucha libre: el mejor y el más elegante era Henry Plata y la fuerza bruta, Jesús Chausson, aragonés invencible. La carpa del Teatro Argentino procuraba múltiples poluciones nocturnas recordando chicas de piernas inimaginables. En otra carpa, justo al lado de casa, vi al primer Pajares, el actor y cómico, junto a Chonchi, muy jóvenes los dos, y los recuerdo muy frescos y divertidos. ¡Qué sé yo! Entonces me gustaba todo.

La otra fiesta duraba un día, era la de los Mártires de Valdecuna, aunque en realidad la iglesia donde estaban las imágenes de San Cosme y San Damián se encontraba en Insierto, un poco más arriba de Valdecuna. Cada 27 de septiembre íbamos caminando desde casa, siguiendo la vía del tren, y tras pasar el barrio Gonzalín, el de las putas, llegábamos a La Fonda y de ahí caminábamos hasta El Pedroso, donde nos desviábamos hacia el valle y ya, entre Insierto y Valdecuna, buscábamos un prado para pasar el día y comer lo que habían estado preparando en casa el día anterior y esa misma mañana: tortilla, filetes empanados, *frixuelos* y, cómo no, empanada de chorizo. Y, por supuesto, no podían faltar una bota de vino y una gaseosa. Siempre se sumaban otros familiares y amigos y el valle se llenaba de color con gentes que iban viniendo de todas partes. Hasta el día de hoy.

Tengo fotos de familia, con mis padres y mi hermano, tíos, sobrinos… Esas fotos de cuando no se hacían fotos porque no existían cámaras. Supongo que era algún fotógrafo de profesión que se sacaba unas pesetas inmortalizándonos. Ahí están mis tíos Luis, Pancho, Gelín… Mi madre, antes y después del cáncer, transformada.

Romería de los Mártires, 1956

En 1990 me nombraron hijo predilecto de Mieres, siendo alcalde el doctor Buylla, el que me operó de anginas —las vi caer en un platillo de acero—, y canté; vivían mis padres y lo disfrutaron tanto... Ese valle de Cuna, tan recogido, tan bello, siempre ha sido nuestro. Una especie de refugio donde todos nos conocíamos y sentíamos que éramos familia. Por eso siempre vuelvo.

Si miro las fotos de entonces, ya no queda nadie, tan solo mi tía Pili, mi prima Mari Pili y yo. Mi prima fue una alegría para todos, pues durante años solo nacieron niños y al final apareció ella.

Como decía, por los Mártires no subíamos hasta la ermita, casi nunca pasábamos de Insierto, menos aquel 27 de septiembre de 1955 que recordaré siempre, pues mi madre había salido de un cáncer. Después de dos operaciones en Mieres, finalmente le vació el útero en Madrid el doctor Vital Aza. Mi madre había prometido llegar de rodillas hasta los santos, con la familia detrás. Llegó hasta San Cosme y San Damián y les dejó un exvoto —cualquier cosa, una pierna, un corazón, porque úteros no había en cera—, se echó a llorar y lloramos todos con ella.

Mi madre no creía ni en Dios ni en los santos, solo temía, pero obligaba a sus hijos a ir a misa y al rosario por si acaso, ceremonias que ella no frecuentaba porque juró no volver a la iglesia desde que don Herminio, el cura de Seana, le preguntó en el confesionario cuando se confesaba para casarse si mi futuro padre Chuso y ella se metían mano. Mi madre se casó preñada y ella estaba convencida de que había sido en un palco del cine Pombo en Mieres viendo *Cristina Guzmán*. Si ella lo contaba, quién soy yo…

Alguna vez le pregunté a mi madre cuando me iba haciendo mayor: «¿Por qué nos obligas a ir a misa y tú nunca vas?». Y ella me contestaba: «Porque *ye* todo mentira…». Yo me quedaba con eso dentro… «¿Qué será lo que *ye* mentira?».

En verano, algún domingo íbamos a la playa de San Lorenzo, en Gijón. Mi padre conducía una DKW de segunda mano con la que repartía la mercadería. El viaje se hacía largo, parábamos pasado el Alto de la Manzaneda, después de Olloniego —habíamos dejado atrás La Rebollada y El Padrún—, para desayunar en un chigre-tienda de ultramarinos porque siempre tenían bollos *preñaos* recién hechos. Llegábamos a Gijón tras dos horas de viaje, nos cambiábamos en las casetas y al agua. Tengo fotos en las que, aunque son en blanco y negro, yo estoy azul del frío. Recuerdo que mi madre llevaba un frasco de alcohol en la cesta para darnos friegas y hacernos entrar en calor. Buscábamos un merendero y pedíamos la bebida para almorzar lo que habíamos traído de casa.

Con padres y hermano en el muro de San Lorenzo, Gijón

Los sabores de los abuelos

Siempre me ha encantado el marisco, pero lo primero que probé, y no pasé de ahí hasta años después, fueron las almejas a la marinera, que me gustaban muchísimo con aquella salsa espesada para mojar pan. Todavía vivía en Mieres y nos habíamos cambiado del final del puente de la Perra a otra casa más adentro del pueblo. Tita y dos de sus hermanos, Vitorina y Ángel —que aún vivía y trabajaba en Salon-de-Provence, en Francia—, construyeron una casa de tres pisos en un solar que les habían regalado sus padres. Lo habían comprado por poco dinero porque esa era una zona inundable por los desbordamientos del río Caudal antes de que se encauzase. En uno de los bajos pusieron mis padres el almacén y el frigorífico. En ese piso había más espacio, así que los abuelos María y Vítor se bajaron de Ribono a vivir con nosotros cuando ya tenían dificultades para manejarse.

Mi abuelo Vítor cenó todos los días de su vida a las siete de la tarde pescado frito: sardinas, pescadillas de esas que se muerden la cola, palometa, chicharros, *hombrinos* (boquerones), caballa, salmonetes, congrio… Yo ceno más tarde, pero desde hace muchos años generalmente pescado azul, y completo el listado del abuelo con unas *kokotxas* de bacalao, huevas de caballa o merluza, acedías, calamar o chipirón a la plancha, filetes de gallo, bacalao desalado…

Qué cosa lo del bacalao en salazón, o lo odias o lo amas. Para mí es un manjar exquisito. Portugal y Galicia se esmeran en su trato, también Brasil. Desde el bacalao *dourado* que preparamos a menudo en casa hasta los filetes casi transparentes que ahora comercializan para componer ensaladas sencillas, simplemente con un chorro de aceite, aceitunas negras, orégano... y adentro. En Brasil, como en Portugal, aprecian *muito el bacalhau,* desmigado a lo Gomes de Sá, con huevo cocido, aceitunas negras, leche y patata desmenuzada. Pero también hay que degustar las tortillitas leves de las sidrerías vascas, o el bacalao a la *llauna* en Cataluña, los *carpaccios* en cualquier lugar, la brandada, los buñuelos, el bacalao al pilpil, las *kokotxas* simplemente rebozadas y fritas, el atascaburras de La Mancha, el ajoarriero en Navarra, el bacalao a la vizcaína…

He regalado muchas veces un libro ejemplar: *El bacalao. Biografía del pez que cambió el mundo*, de Mark Kurlansky, apasionante en su descripción de cómo cambió y mejoró los hábitos culinarios en el Nuevo Mundo.

Por cierto, para terminar con estos recuerdos con sabor a pescado... ¡Qué invento la aceituna rellena de anchoa! Parece ser que nació en Alcoy. Cuatro líneas ha merecido en la Wikipedia. Así nos va.

Me gustaban las comidas que hacía la abuela María cuando vivía monte arriba, en Ribono, cerca de Mieres, con el abuelo Vítor. Ella cocinaba sin sal sus patatas a la importancia, sus cebollas rellenas, su carne gobernada, la sopa de ajo o las patatas a la asturiana, que tenían más sabor porque llevaban chorizo, igual que el pote, que además de chorizo

El que está de pie se llama Toño, el otro no me acuerdo
(Venecia de Oñón, barriada de Mieres)

contaba con morcilla —esta yo ni probarla—. Me gustaban sus sardinas fritas y los *hombrinos,* boquerones pequeños. Antes de servir la comida a los humanos, María les daba su ración a los perros y a los gatos de casa y a alguno que se arrimaba.

La carne gobernada que hacía la abuela María era muy fácil. Consistía en una carne de vaca limpia de grasas, pieles y tejidos nerviosos que se cocinaba lentamente en la cocina de carbón. Para ello debías tener cebollas, ajos, vino blanco, aceite y caldo de carne.

Me contaba Tita que un día la abuela estaba cocinando patatas a la importancia. La receta no es complicada. Se cortan las patatas en rodajas de medio centímetro aproximadamente, no es necesario medirlas, y se fríen en aceite después de pasarlas por harina y huevo. Se hace aparte un majado con ajo, cebolla y perejil. Después las patatas y el majado se vierten en un caldo que tenga sentido (gallina, huesos, puerro). Se dejan cocer las patatas quince minutos y ya. Pues bien, el tío Laureano, hombre difícil como creo que expliqué en mi libro de memorias, se sentó a la mesa y María le sirvió las patatas. Laureano tenía hambre y cuando iba por el tercer plato, María, su hermana, que no hablaba por no molestar, le dijo: «Laureano, *teníes fame* (hambre)». Su hermano la miró de abajo arriba y secamente le contestó: «*Pesóte* (te pesó)». A continuación se metió dos dedos en la boca, se tocó la campanilla y arrojó todas las patatas en el suelo de la cocina.

Por cierto, esas patatas a la importancia, pero con almejas, las hace muy ricas Paco Ron en la Taberna Viavélez.

Todavía hay gente en Ribono y alrededores que recuerda a María, porque se ha ido transmitiendo oralmente el episodio que ella protagonizó acabada la Guerra Civil. Mucha gente que la había perdido se echó al monte y vivían escondiéndose para no enfrentarse a un juicio sumarísimo y a un más que probable fusilamiento. Una madrugada se escuchó desde el pueblo un tiroteo en lo alto, hacia El Collau, que es un prado hermoso, despejado y rodeado de árboles. Amaneció y varios vecinos subieron para ver lo que había ocurrido. En medio del prado, varios guardias civiles se encontraban alrededor de dos hombres que estaban en el suelo. Seguramente los guardias estaban esperando la llegada del juez para levantar los cadáveres. Los vecinos hicieron amago de acercarse, pero uno de los guardias gritó alto y claro: «¡Quietos o disparo!». Detuvieron la marcha, pero María se despegó de ellos y siguió caminando. De nuevo le gritaron: «¡Atrás o disparo!». Sin embargo ella continuó adelante y otro guardia fuera de sí amenazó: «¡Alto o disparo!». María llegó hasta donde estaban los jóvenes, hincó las rodillas en el suelo, sacó un pañuelo del bolsillo y les limpió la sangre de la cara después de cerrarles los ojos. Se puso en pie y regresó a casa seguida por el resto de los vecinos.

La joven abuela Maria

De niño a abuelo, una tortilla dulce

Comencé muy tarde a saber comer. La infancia y la adolescencia, protegido por mi madre, las pasé comiendo cuatro cosas. No me gustaba el queso, tampoco las verduras, las ensaladas —no puedo con el tomate crudo hasta el día de hoy—, odiaba los pimientos, el hígado encebollado, las vísceras, los callos, la lengua, los sesos, las manos de cerdo… Los filetes, cuando había, tenían que ser magros, sin nada de grasa, y ver una clara de huevo con su galladura si estaba poco hecho me hacía vomitar, así que casi siempre me hacían una tortilla francesa. La leche no podía beberla con migas, por eso no mojaba las galletas ni las magdalenas, y cualquier resto de nata en el vaso me hacía bola y no pasaba de mi boca, tenía que echarlo por el desagüe.

Mi padre, aparte de su oficio ferroviario, y mi madre tenían una modesta distribuidora de pollos y huevos a restaurantes y a varios puestos del mercado de abastos. Les llegaba la mercancía de La Magdalena (León) y siempre sobraban huevos que llegaban un poco cascados y se comían en casa. Aunque entonces el pollo en las familias modestas era un lujo dominical, en casa se cocinaba a menudo.

Mi madre siempre estaba trabajando, cargando cajas de pollos y de huevos. Tenía poco tiempo para cocinar. Yo estuve años, ¿diez, doce?, cenando siempre lo mismo: una tortilla dulce hecha con los huevos que se rompían. Se batían con sopas de pan del día anterior, un chorro de leche y azúcar a voluntad. Esa masa se freía en la sartén con una gotita de aceite para que no se pegase. Nunca me cansé de cenar siempre lo mismo y tengo tan buen recuerdo que lo intenté con mis hijos cuando eran pequeños y, tras probarla, no quisieron comérsela. También hice la prueba con Olivia y León, mis nietos. Nada.

He podido conservar toda mi vida el asombro de niño por lo desconocido, la mirada curiosa ante lo sorprendente. El regalo que significa trabajar en lo que te gusta. Como dice un amigo mío: no digamos que esto es un trabajo.

2

Rutas gastronómicas por la capital... y por otros lugares

Llegué a Madrid con diecisiete años para tratar de ser cantante y escribir canciones. Vivía en casa de mi tía abuela Teresa, en la calle Santa Feliciana 11, en pleno barrio de Chamberí. La casa hace años que no existe, en su lugar hay otra mucho más fea. Callejeaba mucho e iba encontrando lugares muy primarios que me atraían para comer, como La Casa del Mejillón, donde solo se comían mejillones al vapor con una salsa muy cargada de pimentón, o El Paleto, mesón castellano, donde servían montaditos de lomo de cerdo adobado exquisitos. Manías. Todo eso por Chamberí, mi barrio. También me aventuraba por el centro. En la calle de Fuencarral, a un costado de la avenida de José Antonio (hoy Gran Vía), había un gran locutorio de Telefónica, donde ahora está su Fundación, y desde ahí era muy fácil llamar a casa. Mi tía Teresa no tenía teléfono y para una emergencia, que casi nunca era el caso, podían llamarme a la casa de los vecinos de la tercera planta de Santa Feliciana, pero si no lo normal era que aprovechase estos paseos para llamar a mis padres y contarles mis andanzas y saber cómo estaban.

Tenía y sigo teniendo alma de paleto, y alrededor de la Puerta del Sol encontraba todo lo que necesitaba. En un primer piso había un estudio donde podías grabar un disco con lo que se te pasase por la cabeza, desde una declaración de amor a la novia que habías dejado en el pueblo o, en mi caso, cuatro canciones cantadas a capela. Una de ellas fue *La mamma,* de Aznavour. Yo mismo decoré la portada para regalárselo a la familia.

Si me apetecía tomar una botella de sidra, nada más entrar en la calle del Arenal estaba el Palacio de Gaviria, en cuyas profundidades más profundas había un insalubre y húmedo chigre asturiano llamado La Mina, que regentaba Gelín, hombre muy generoso. Me imbuía de Asturias y comía pinchos o huevos duros que a veces me cobraba y otras me regalaba. Podía empaparme de sidra, y las primeras canciones, que tanto hablaban de Asturias, atenazado por la nostalgia, eran fruto de algunas botellas de sidra compartidas. Tenía la sensación de estar en Madrid provisionalmente. En el primer piso señorial de aquel palacio estaba el Centro Asturiano. Para acceder a él tenías que ser socio con carné, y así podías leer los periódicos de Asturias y hacer vida social. Me salté el trámite y pocos años después me entregaron la Manzana de Oro, que era un galardón reservado para gente muy mayor y con muchos méritos a ojos de la directiva. Su presidente era un restaurador con buenos restaurantes, muy fantasma, y el día que me premiaron nos dijo a mis acompañantes y a mí: «Si queréis *échovos* de cenar»; yo, un poco seco, le contesté: «*Nun* tengo *fame*».

Alrededor de esa Puerta del Sol, en un radio muy corto, estaban las sedes de prácticamente todas las editoriales de música y podías ensayar a determinadas horas con el pianista que había en cada una. La preferida era la de Algueró padre, allí eran muy simpáticos y trabajaba Juan Canal, que años más tarde hablaría de mí en Polygram para grabar *El cobarde* y *El tren de madera*. Cerca se encontraba La Casa del Abuelo, en la calle Victoria, y me gustaba tomar media docena de gambas a la plancha con un tinto dulzón que se podía cortar con un cuchillo. Las calles de alrededor de Sol eran muy canallas. Casa Labra, en la calle Tetuán, servía unos pinchos de bacalao extraordinarios. Ahora siempre hay cola para entrar, entonces no. Tampoco existía la placa en la entrada dando fe de que allí fundó Pablo Iglesias con otros compañeros el Partido Socialista Obrero Español en 1879. La taberna está exactamente igual que cuando yo la conocí.

Bajando por Arenal te topabas con La Casa del Pulpo, toda una fiesta para mí, pues no lo había probado hasta llegar a Madrid. También subía hasta la calle de la Salud, casi esquina a Gran Vía, a la cafetería California, que años más tarde adquirió la Casa del Libro y forma parte de su estructura, incluso han mantenido el escaparate de la cafetería.

Ahí oficiaba como responsable Herminia y protegía a los artistas, conocidos o no. Había varias pensiones en ese edificio donde vivían músicos de todo pelaje y todos en algún momento pasaban por California. Podías encontrarte al mismo tiempo con Tino Casal, con Pucho Boedo, cantante de Los Tamara, con Jaime Morey, con Michel o con Joaquín Prat, que trabajaba muy cerca, en Radio Madrid. Justo enfrente de la cafetería estaba Algueró Discos, una tienda exquisita.

Casa Labra

Mi economía era extremadamente modesta. Vivía en Madrid, eso sí, con habitación gratuita y con mil quinientas pesetas del año 1965, nueve euros, al mes. Gastaba sobre todo suela de zapatos. Caminaba mucho, viajaba en tranvía o en el metro. Santa Engracia, que era el bulevar más cercano a casa, tenía tranvía y camellón en medio, una delicia. Iba al cine tres o cuatro veces por semana a Fuencarral o a Bravo Murillo. La tía Teresa no tenía televisión, pero para alguna urgencia, por ejemplo la llegada del hombre a la Luna, podíamos contar con la tele de los vecinos.

Solía almorzar donde cayese y donde hubiese un menú que no sobrepasase las quince-veinte pesetas (veinte céntimos de euro). Ese menú podía consistir en unas judías verdes rehogadas con patatas cocidas y jamón de primero, ternera a la jardinera de segundo y de postre flan o natillas con nata, que rellenaba los huecos.

Al lado de casa estaba el Mercado de Olavide, ya deteriorado, obsoleto y que pronto sufrió la piqueta, como tantas cosas en aquel Madrid avasallado que tantos echamos de menos. El espacio del mercado lo ocupa ahora un aparcamiento y sobre él se extiende una plaza ajardinada que es una alegría porque siempre hay cientos de niños y padres muy jóvenes. Ahí, en la calle Trafalgar, almorzaba muchos días en restaurantes que ya no existen, honestos en sus límites.

En Santa Feliciana 9, al lado, estaba el Chele, un bar como otro cualquiera con cerveza bien tirada y buenos boquerones en vinagre. Y es que también caminaba mucho por el barrio: desde Santa Feliciana, mi calle, hasta Hilarión Eslava, donde estaba el auditorio de La Voz de Madrid. Tardabas andando unos quince minutos, pero si querías llegar antes, cogías un tranvía en la plaza de Quevedo y listo. Conocía bien sobre todo los barrios de Chamberí y de Argüelles. Ese Madrid de cañas y tapas del que todavía quedan huellas, aunque cada vez cuesta más encontrarlas.

En la mili

Toda mi información musical provenía de la radio. En todas las emisoras había numerosos programas musicales, con mucha música y poca letra. No había tertulias y los informativos, «el parte», los daba Radio Nacional y obligatoriamente todas las emisoras debían enchufarse a ella. El aterrizaje de Los 40 Principales, capitaneado por Tomás Martín Blanco, fue un acontecimiento que revolucionó el panorama musical. Para músicas más exquisitas, es decir, para grabaciones que no ibas a encontrar en otros lugares, ni siquiera en las tiendas, se buscaba Radio Peninsular y su *Vuelo 605;* ahí Ángel Álvarez, asturiano, radiotelegrafista de Iberia, oficiaba a diario. Y entre programa y programa de radio, mi vida dio un pequeño vuelco. Viví esos meses de la mili, como muchos jóvenes en aquellos tiempos.

En 1968 me fui voluntario al servicio militar en el cuerpo de aviación. Si te enrolabas voluntariamente tenías alivio: cumplías dieciocho meses en vez de veinticuatro. Comencé en primavera, tras presentar en el Festival del Puerto de la Cruz (Tenerife) la canción *El cobarde.* Me destinaron al campamento de El Pinar de Antequera, cerca de Valladolid. Ahí estuve dos meses haciendo instrucción y aprendiendo a manejar un Cetme. Luego podías elegir destino y pedí Madrid. Fui a parar a un cuartel en la avenida de Portugal, en la Escuadrilla de Honores. Desfilábamos el día de la Victoria en el paseo de la Castellana y recibíamos en el aeropuerto de Barajas, Cuatro Vientos, Torrejón de Ardoz o cualquier otro lugar a personalidades diversas. Fueron dieciséis meses que puedo explicar y que se entienda. Teníamos guardias de veinticuatro horas que podíamos administrar. A esa escuadrilla iban a parar toreros, futbolistas, pintores, también algunos actores y cantantes, que tenían que organizarse la vida de una manera diferente.

Hace unos días, saliendo de casa, paró un coche cerca de mí y se bajó un hombre de mi edad. «Parece mentira —me dijo— que vivamos al lado desde hace más de cuarenta años y no hayamos coincidido nunca. Desde las guardias en el Hospital del Aire, en Arturo Soria, o en la avenida de Portugal, no habíamos vuelto a encontrarnos. Bueno, nos vimos en una galería donde yo exponía». Recordé que había comprado uno de sus cuadros en la calle de los pintores, en El Rastro, que les regalé a mis padres y que he heredado. «¿Así que tú eres el padre de ese chico que escribe tan bien? [Juan Cavestany]». «Sí». Sí, fuimos muchos, con sueños artísticos, los que coincidimos durante esos meses de la mili donde era más difícil dedicarse a lo que uno quería.

No tengo nada malo que decir de nuestro superior, el capitán Piñón. Solo tuvo la pésima idea de pedirme que el 31 de diciembre de 1968, en la cena de suboficiales y oficiales en el cuartel, ya que yo estaba de guardia, les cantase unas canciones. Afortunadamente, a las once de la noche, ya cenados y bebidos, no prestaron atención a nada de lo que yo, vestido de uniforme y con correaje de guardia, les canté: *La planta 14* y *El cobarde*. Ninguno de ellos puede dar fe de lo que estoy contando. Bebían y les importaba un comino el entretenedor. Yo sí lo recuerdo, primero por el desafío y la inconsciencia y después porque bebí esa noche todo lo que podía caber en mí. Ya no tenía que hacer más guardias esa noche y acabé con todo lo que había alrededor. De madrugada, apurado, con la vejiga a punto de explotar, desperté y rellené lo que tenía más a mano, la bota de reglamento, que amaneció tumefacta y se secó al cabo de tres días en el balcón de la tía Teresa. Ella, cada noche que cenaba en casa, me freía unos filetes de gallo que me encantaban.

La comida cuartelera no sé cómo será ahora, pero entonces era penosa, tanto en el primer campamento como en Madrid. Sopas sin sustancia, guisos carentes completamente de amor, filetes de pescado amojamados, pollos a los que habían extraído todos los jugos posibles, filetes como suela de zapato… Al final, compañeros de mesa con buen apetito daban cuenta de todo. Los llamábamos los sobreros. Completabas la alimentación con bocadillos de anchoas y una cerveza en la cantina, que estaba abierta todo el día y donde podías beber sin medida cualquier tipo de bebida espirituosa.

El rancho viajaba por todo Madrid desde las cocinas de la avenida de Portugal y llegaba como llegaba..., estuvieses haciendo guardia en la calle de Quintana, en el Cuartel General del Aire o en el Hospital de Arturo Soria (construido en aquella época pero que nunca llegó a abrirse; de hecho, poco más tarde lo tiraron). Y aquí se termina mi aventura de la mili.

Los sabores de Barcelona

Hice mis primeros viajes a Barcelona —era la primera vez que viajaba en avión— en 1965 para grabar en el Casino de la Alianza de Poble Nou, donde la compañía de discos Belter instalaba un estudio provisional. Grabé un EP de cuatro canciones, luego un single y poco más tarde dos canciones que tenía que defender en el Festival de Benidorm, una de ellas, *El último día,* compartida con Bruno Lomas. Fue el año que ganó Alicia Granados con *Nocturno.* En esos discos soy irreconocible cantando, ni eran mis canciones ni era mi voz. Me alojaba en la pensión Carmen, en la calle del mismo nombre y al lado de Las Ramblas, a pocos metros del Mercado de La Boquería y enfrente del restaurante Quo Vadis, que era una barra estrecha con unas mesitas en línea. Yo solía callejear por la ciudad para comer por cuatro duros, pero se me ocurrió entrar un día. El camarero recitaba los platos, pedí lo que sonaba mejor y me hicieron un roto en el bolsillo que tardé días en olvidar. Por supuesto no volví a entrar. Alrededor del mercado me topaba con bares modestos donde tomaba garbanzos con butifarra negra, calamarcitos salteados, unas gambas a la plancha o unas *mongetes del ganxet* con chorizo, morro y oreja de cerdo (apartaba estos dos ingredientes y comía el resto). Siempre advertía de que me trajeran el pan sin tomate y me miraban con extrañeza, igual que cuando comento en cualquier otro lugar que no soporto esta hortaliza. Cocinado o en gazpacho o salmorejo, sí.

Había un restaurante sensacional para mis posibilidades a un lado de La Boquería: La Garduña, en la plaza del mismo nombre. Un local honrado y modesto, con un bacalao a la *llauna* sensacional y siempre con un menú del día espectacular.

Probé por primera vez los níscalos, la *cap i pota,* que son callos pero con garbanzos, y algunas cosas más, como garbanzos con morcilla, carabineros, caracoles, berberechos, butifarra, *esqueixada,* escalivada o fricandó, que es ternera cocida con setas, verduras y una picada por encima. La picada es tradicionalmente el remate de muchos platos y cada cual tiene sus ingredientes, pero no pueden faltar frutos secos (avellanas, almendras o piñones; no todos, pero sí alguno de ellos), pan duro, perejil, aceite de oliva y un poquito de caldo rico… Yo suelo añadirle unos higaditos de pollo bien fritos. Todo eso machacado en un mortero.

No conocía ni el alioli ni el romesco, que uso ahora a menudo como remate de un arroz meloso con callos de bacalao. Y, por supuesto, esta degustación no puede acabar sin una crema catalana.

Ahora conviven muchos espacios de buen nivel alrededor y dentro del mercado, algunos tan excesivamente turísticos que dan pereza. Si no hay que esperar mucho, me siento en la barra del Pinotxo, que es un seguro de vida. Es difícil comer mal en Barcelona.

Descubrí también las anchoas de La Escala, que jugaban en otra división. Acostumbrado como estaba a la anchoa amojamada, tersa, no flexible, aquellas me parecieron de una categoría superior, una mejoría en mi estatus. Siempre me han gustado las anchoas, antes se encontraba muy buen género a precios modestos, pero ahora las buenas son prohibitivas. Durante años, raro era el día que no me comía un bocadillo de anchoas. Por eso, la primera vez que Ana entró en la casa de Torrelodones, al abrir los armarios de la cocina descubrió un arsenal de latas. «¿Y esto?», me preguntó. «Es que me gustan mucho y he leído que se extinguen», le contesté... Era el año 1971.

La ruta del bocadillo

Pocas cosas hay mejores que un bocadillo, *entrepá* en Cataluña. Los hay de todo, pero no vale cualquier cosa (el de calamares está sobrevalorado). De carne guisada, atún, escabeche, mejillones, sardinillas, jamón, chorizo, lacón, lomo,

lomo de orza, frito o pepitos de ternera con aguacate (lo que en Chile llaman lomito con palta). Y estos bocadillos me hacen pensar en otros... En Madrid han abierto estos últimos años bocadillerías muy buenas; los primeros locales que se me vienen a la cabeza son El Porrón Canalla en Ballesta 2, detrás de Gran Vía; John Barrita en Vallehermoso 72; y Bocadillo de Jamón y Champán en Menéndez Pelayo 15. Pero también si te apetece un buen bocata de *pastrami* lo tienen en La Sanducherie, o al estilo chileno en San Wich (uno de ternera mechada a lo pobre), o la delicadeza del *bao* chino relleno de costillas deshuesadas a las cinco especias en Buns&Bones. Pocas cosas tan buenas como el mollete de Antequera: te lo rellenan de lo que quieras en Granjero Busca Campero y también en La Garriga (local que está tanto en Madrid como en Barcelona), que cuenta con una variedad apabullante de embutidos y delicatesen. Otro local extraordinario de bocadillos es el Sagàs, en Barcelona. En Madrid existe un establecimiento aún de barrio, López Pascual, en la Cava Baja, al lado del Teatro Lara, que siempre ha tenido paletillas y jamones extraordinarios y muy buenas conservas; llevas el pan y fabrican el bocadillo.

Imprescindible en Barcelona acercarse a Entrepanes Díaz y probar sus bocadillos de cochinita pibil, rabo de toro, cochinillo o *kokotxas* rebozadas, pero la estrella es el *Antxon*, con huevo a baja temperatura, patata crujiente y chistorra. También merece la pena acercarse a La Sanguchería, donde hay bocadillos a la peruana, como el de chicharrón, pero toda la carta está muy trabajada. Y en Pockets te rellenan un pan de cristal con carrilleras al vino tinto…

Haber viajado tanto y tantos años no solo te da autoridad, sino que hace que tengas en la cabeza una geografía del bocadillo, así que de memoria sé que si voy hacia Asturias o a Galicia, en Rueda están los mejores entrepanes de lomo y unos torreznos de conmoción. El lomo es inigualable, lo compran en Dehesa García de Guijuelo.

Si atraviesas La Mancha para llegar a Valencia, puedes entrar a Motilla del Palancar y meterte uno de zarajos, que son tripitas de cordero lechal trenzadas, cortadas muy finas y pasadas por la parrilla, madejas las llaman en Aragón. Si el destino es Andalucía, también puedes parar en Almuradiel para comerlas o más abajo, en La Carolina, en el Hotel La Perdiz, donde cuentan además con escabeches sublimes y buen pan para los bocatas. En ese hotel dormíamos a menudo cuando nos desplazábamos por las ferias de la provincia de Jaén, tenía una piscina muy agradable y una curiosidad: en el jardín había una jaula pequeña con un lince que apenas podía moverse. En la sombra solo le adivinabas unos ojos bellísimos. Estuvo ahí varios años cuando aún no era una especie protegida.

Si vas hacia Santander o al País Vasco, Burgos y su morcilla son claves, y antes de llegar, en Lerma, tienen también unos torreznos que quitan el sentido. Y antes de Lerma había una parada obligatoria en un bar de carretera en Miliario del Caudillo, pues tenía buen lomo de orza o chorizos y un pan estupendo. En Milagros se encontraba también buena morcilla, chorizo y torreznos espectaculares, aparte de un horno de leña para asar corderos y cochinillos, que era lo mejor en invierno. En el Landa, a la entrada de Burgos, pon el dedo con los ojos cerrados en la carta y donde caiga, pide eso. Un desayuno clásico: morcilla frita, patatas y dos huevos.

Camino de Zaragoza-Barcelona las tentaciones eran muchas, pero, claro, ahora vamos por autopista y pim pam, muy cómodo. Sin embargo, si quieres algo más, tienes que salir de ella, porque dentro no hay nada que no sean tristes bocadillos plastificados. Pueden entrar en La Almunia de Doña Godina y El Patio de Goya te recibe con los brazos abiertos; y en Zaragoza capital, Hermógenes es una referencia. Ya sé que es duro retrasar una hora o más el viaje, sobre todo si se viaja con niños, pero…

Por el sur, en Sevilla, ¿cómo olvidar El Morapio y sus bocadillos de pringá, o Casa Moreno y sus emparedados, o el bocadillo de kebab de Leo's? En Córdoba el Café Bar Lucas es un templo desde hace muchos años. Existe una parada obligatoria en Écija, si no paras a la ida, hazlo a la vuelta: un molletito con manteca colorá no puede sentarte mal. Hacia Málaga, si te apetece, entra en Antequera y busca los molletes del Horno de San Roque, con aceite, tomate rallado y jamón, o con una zurrapa de lomo, incluso untados con porra antequerana. Como puedes comprobar, la ruta de los bocadillos tiene posibilidades infinitas.

Primeras comidas con Ana

Cuando Ana y yo comenzamos a convivir —1972— nuestra cocina era un lugar de paso. Tan solo sopas de sobre o pasta y lo más socorrido: barbacoas rotundas en el jardín, donde empleábamos buena carne, chorizos, chuletas de cordero… Comíamos mucho fuera de casa. Aunque vivíamos en Torrelodones, a treinta kilómetros de Madrid, bajábamos todos los días por trabajo o para ver teatro, cine o con cualquier otro motivo y después de medianoche regresábamos.

Solíamos cenar alrededor de la plaza de las Salesas: una pizza en Casa Gades o algún plato filipino, sí, filipino, en Bárbara de Braganza. Se trataba de un *gulay* compuesto de verduras, guisantes, habas tiernas, huevo y pato; después nos íbamos de copas a Oliver, donde encontrabas a todos los que querías y los que no querías ver; más tarde parábamos en el Bocaccio. Al día siguiente madrugábamos, así que, tras pasar por el Dyane 6, un poco cargados ya, volvíamos a casa.

La perrita maltesa, Cabiria, siempre nos acompañaba y pasaba horas interminables dentro del coche. Ella vino de México en 1972 y su compañero, Blas Piñar, se murió de camino. Le dediqué una canción en mi disco *Soy un corazón tendido al sol, Balada para Cabiria,* que también era un homenaje a Fellini y a nosotros mismos. Cabiria era una perra adorable que me admiraba. Entonces no había controles de alcoholemia, nos matábamos menos porque había menos coches. Hemos mejorado. Aunque la cifra de muertos en carretera es brutal, es homologable con la de muchas áreas de Europa. También los fracasos son homologables.

En Torrelodones nos esperaban los perros. A Tula, la reina, la primera de todos, la traje siendo cachorro de Asturias, una maravilla, una pastor alemán o derivado, noble, bonda-

dosa hasta que llegaba su momento... Cuando nos pusieron un petardo firmado por los Guerrilleros de Cristo Rey que reventó la puerta de entrada al jardín y estuvimos varios días con la verja destruida, Tula nunca cruzó la línea imaginaria, pero si alguien se acercaba a la puerta inexistente, ya fuese el cartero o la Guardia Civil, ella desde dentro los mantenía a

El mismo día dos perras parieron catorce cachorros

raya enseñando los colmillos, sin dejar que nadie traspasase los límites hasta que salíamos a recoger el aviso o lo que fuera.

En Torrelodones

Nos abastecíamos en el pueblo, pues había buena carne de Guadarrama y un pequeño supermercado al lado de una pescadería. Vivíamos muy aislados cerca del río. Pensarlo ahora da miedo, entonces ponían bombas caseras y en la medida que te sentían aislado, arreciaban. Había poco restaurante, no existía ninguna posibilidad atractiva de salir a comer o a cenar en el pueblo como no fuese para tomar lo mismo que comías en casa.

Simone Ortega entra en casa

El primer libro de cocina que entró en casa fue *1080 recetas de cocina* de Simone Ortega. Ese libro se convirtió en providencial porque nos quitó el miedo a cocinar. Era posible hacerlo decentemente sin talento. Consultando sus páginas, comenzamos a explorar otras posibilidades más allá de la carne a la parrilla: lentejas, potaje de garbanzos, almejas a la marinera, cordero al horno, redondo de ternera, besugo, bonito con tomate, calabacines gratinados, conejo al ajillo, pollo guisado, osobuco en salsa o truchas con jamón… La virtud de las *1080 recetas,* creo por experiencia, es que te hacía atreverte, al principio con mucho cuidado en cada paso, pero si lo llevabas a cabo con las medidas que indicaba el libro no había pérdida. Luego ya irías encontrando la manera de llevar las recetas a tu terreno y echarle imaginación para mejorarlas o al menos hacerlas a tu gusto.

Por cierto, teníamos un vecino de parcela, el padre Mindán Manero, profesor de filosofía en el Ramiro de Maeztu, que un día, a través de la valla, nos contó que era primo de Buñuel y que menudo era ya este desde pequeño, el director aragonés era un poco mayor que él. Manero nos dijo que en Calanda el futuro director de cine aterraba a los más pequeños con historias de crímenes y de asesinatos truculentos, casi siempre por degollaciones. También que los entretenía con sombras chinescas tras una sábana.

Desde siempre hago la compra. Cuando Ana tiene que ir al mercado porque estoy fuera o por cualquier otra circunstancia, el frutero, el pescadero, el carnicero le preguntan: «¿Y Víctor? ¿Está enfermo?». Suelo ir a los mercados más cercanos, pero no me importa atravesar Madrid si me entero de que en un puesto del Mercado de los Mostenses venden ají o berenjenas chinas. Pero esto es otra historia, ya volveré a ello unas páginas más tarde.

Las *1080 recetas* fue la espoleta para aventurarse con los arroces, caldosos primero, de costillas, pollo, con almejas después, y el paso a los asados, de cordero, cochinillo, redondo de ternera. Y potajes. Ana venía de odiar las lentejas y volvieron a gustarle, también los cocidos y, por supuesto, la fabada asturiana.

3

En la carretera

Llevo tantos años en movimiento que me resulta difícil estar quieto. He comenzado giras en solitario, con Ana o con otros compañeros, en diferentes lugares. Valencia, Asturias, Madrid, Málaga, Mérida… Y el vértigo de arrancar es siempre muy parecido: haces un repertorio, trabajas con el equipo y memorizas para ir descontando los días que faltan para ponerse en marcha. Me gusta ir a la ciudad con tiempo, al menos dos días antes de comenzar, instalarme, caminar por las calles, ir al mercado, solo a ver.

Hay carreteras que hace años daba pereza recorrerlas; hablo de las horas que tardabas, por ejemplo, en llegar a Galicia, Rías Altas o Bajas. En invierno era mucho peor. Le echabas horas y se hacía largo aunque hicieses un alto en Betanzos para probar la tortilla de Casa Miranda o del Mesón O Pote, o de los dos, que para eso están pegados. Por la otra carretera podías entrar en Carballiño a probar el mejor pulpo de Galicia.

Si ibas hacia el sur —Cádiz, Huelva—, también se hacía largo (menos a Sevilla), pero podías hacer altos en Córdoba, Écija…; y si te dirigías a Málaga, entrar en Antequera y comerte un mollete con lomo embuchado merecía la pena.

Nada comparable a terminar la actuación en Águilas o Almería y saber que la siguiente es Barcelona, Olot o Vic. No bajabas de las doce horas de carretera y si, con suerte, había día libre por medio, podías relajarte y entrar en Peñíscola para tomar un arroz en Casa Jaime o en Vinaroz a buscar y encontrar langostinos o gamba roja.

Eso sí, mientras miras el mar pensando que ese es uno de los mejores días de tu vida, y como mientras comemos siempre estamos hablando de comida, entrará en la conversación el mejor jamón que te comiste en Zafra después de haber comido otro aún mejor en la sierra de Aracena o aquel lomo embuchado de La Ermita, en Jerez de los Caballeros. Por no hablar de un restaurante en Tazones o en Puerto Vega, Asturias, donde te metiste el mar en vena antes de aquel chuletón en la sidrería de San Sebastián, ¿te acuerdas?, después de pasar por Zaragoza y embaular unas simples borrajas con patatas hervidas y un poco de aceite y ajo por encima…

Guía de los mejores restaurantes de nuestra tierra

Existía una leyenda urbana que comprábamos todos: cuando estés en carretera, para donde veas muchos camiones, ahí comerás bien. Que esta leyenda estaba alejada de la realidad lo comprobé rápidamente durante mis giras; no solo no había que parar, sino que se debía huir a uña de caballo. En aquellas giras brutales de los primeros setenta, cuando tocabas ciento veinte o ciento cincuenta veces al año, comenzabas a orientarte con alguna guía de viajes o, ya en el lugar, por el boca a boca. He llegado a desviarme ochenta kilómetros de la ruta por ir a comer una cazuelita de sesos de cordero en un bar con cuatro mesas en el mercado de Jumilla.

Siempre que andábamos cerca de Valencia capital nos alojábamos en Torrent, en el Hotel Lido, que ya no existe; tenía un emplazamiento estupendo, en plena naturaleza. No era nada del otro mundo, pero era reciente su construcción y muy agradable, y ahí, cerca del hotel, estaba El Vedat, restaurante especializado en paellas cocinadas con leña. Mirando a los cocineros aprendí cómo se hacían, hasta dónde tenía que llegar el agua para trazar luego una línea con el arroz, cómo se preparaban los fondos... Ellos cocinaban con sarmientos, yo con lo que puedo, pero no suelo fallar. La primera paella de cada año siempre es de monte, que es la que más le gusta a David, mi hijo, con alcachofas, pollo, conejo, romero y un buen golpe de pimentón dulce.

Entre la playa de San Juan y La Albufereta, retranqueado tras edificios olvidables, estaba y está el restaurante Finca Ansaldo, donde hemos disfrutado arroces que se quedan en la memoria para siempre. Es un lugar que si no lo conoces, no entras, pues originalmente estaba en el campo pero todas las construcciones desmesuradas que llegaron después lo dejaron aislado. Hace años que no vamos y no hay derecho...

Cuando empecé a tener dinero y a buscar restaurantes buenos, encontré. Cincuenta años atrás, cierto es, podías aterrizar en cualquier pueblo y encontrar cocina local honrada y a un precio irreprochable, pero aprendí rápido que si me apetecía un bacalao inolvidable y estaba en Bilbao, parecía de cajón acabar en el Guria.

Si te movías por Santander, en Puerto Chico, terminabas en El Riojano inevitablemente y te topabas con una cocina menos previsible en El Molino de Puente Arce.

El Pelayo, en Oviedo, siempre fue una garantía y cuando el cocinero Fernando Martín inventó Trascorrales se atrevió con un insólito guiso de patatas y angulas antes de abrir El Raitán, cocina excelsa de guisanderas asturianas que interpretó a la perfección un sentimiento extendido en Asturias: embuchar sin límites a precio tasado. Me recordaba tanto Fernando a mi amigo Chus Quirós (gran diseñador e interiorista)... Ambos fueron dos genios irrepetibles. También se comía muy bien en el Marchica y la merluza a la sidra del Nalón, que creo que me sale igual que a ellos, aprendí comiéndola allí.

Fernando Martín ha dejado una estela de cocineros extraordinarios, incluido su sobrino Sandro, que hace años que vuela alto (El Paraguas, Ten Con Ten, Amazónico).

No olvidaré nunca los festines en Casa Vilas, en Santiago de Compostela, cuántas noches pasamos allí durante el rodaje de *Divinas palabras,* de García Sánchez; ni tampoco El Mosquito en Vigo y sus lenguados inacabables; o Chocolate, en Vilagarcía de Arousa.

Y por seguir con esa lista de restaurantes que merecen la pena, menciono el Aroca o Ciriaco en Madrid; Casa Ojeda o el Landa en Burgos; El Figón de Eustaquio en Cáceres o el Rincón de Pepe en Murcia. Ahí están en mi memoria los primeros arroces inolvidables en Les Graelles, al lado del cauce del Turia en Valencia, o Casa Durán en Figueras, donde te servían de aperitivo espinas de anchoa fritas, un manjar… O Cal Juanito en Barcelona y sus anchoas, langostinos y jamón…

A veces, después de cantar en Galicia pasaba a recoger un encargo de marisco por O Grove y esa misma noche, de vuelta en casa, con amigos, dábamos cuenta de todo lo recién sacado del mar. O volvía de Extremadura, de Llerena, con un jamón deshidratándose en el maletero, pero siempre había gente en casa para hacerse cargo de él.

Hay un sitio de la geografía de este país que es especial para mí. Es mi lugar de retiro y de descanso. Que posee un espíritu propio y sus sabores peculiares. Y ese sitio es una isla, un paréntesis en mis recorridos por carretera. Menorca.

Porque allí, en esa isla de cuarenta y tres kilómetros de largo y más o menos veinte de ancho, lo que no se hace es viajar.

Menorca, historias a lo Flaubert

Cuando estamos en Maó la cocina cambia, elaboro más arroces, caldosos y secos. Los vecinos allá son Iñaki Gabilondo y Lola Carretero, Serrat y Yuta, Mercedes Milá, Joan Gracia y Ana Fernández, y además amigos de la isla, los más de casa, José Fontana, interiorista, y Miguel Barca, arquitecto.

Mercado de Pescados

Encuentro y cocino mucho pescado. Voy casi todos los días al Mercat de Peix, rotulado en el frontispicio como Mercado de Pescados —no en vano lo inauguró en los años veinte del pasado siglo Alfonso XIII—, pero también compro abajo en el puerto cuando llegan las tres barcas que quedan en Maó con su gamba roja restallante y carísima; ya lo pintó Sorolla ante un pescador ahogado: «Y luego dicen que el pescado es caro». También compro cigalas, pequeñitas para freírlas, grandes para plancha. Me gustan las pelayas, que son los gallos en Madrid, yo me como las chiquititas. Disfruto con el pez gato, la raya, la sepia, las *espardenyas* son maravillosas, las ortigas de mar, alguna langosta de tarde en tarde, las berenjenas al horno, un perol de patatas y gambas, los gazpachos, el *oliaigua*... Supongo que a la familia la agobio con tanto pescado, pero ¡es que me gusta tanto! También

Frutas y verduras en el Claustro
del Carmen

les traigo carne alguna vez, sobre todo cuando los niños rezongan, pero al día siguiente otra vez pelayas o lo que encuentre.

Salimos muy poco a restaurantes. Todo lo que necesito está en casa. Pero todavía recuerdo una cena en Sa Pedrera d'es Pujol con Tini Areces, que fuera presidente de Asturias. Este restaurante está en Sant Lluís, muy escondido, pero sin duda es uno de los mejores de Baleares. Los dueños son asturianos de origen, Dani Mora se ocupa de la cocina y Nuria Pendás coordina todo, y es que todo es remarcable, desde la cocina a la sala, impecable. Otro nivel.

En los últimos treinta y tres años en Menorca hemos visto mejorar las cocinas de algunos restaurantes, el servicio de sala… El producto sigue igual porque es inmejorable, pero está mejor tratado. Aunque solo conozco algunos restaurantes, para orientarte está la Guía Matoses, que explica mejor que yo qué te puedes encontrar y precios aproximados para no perderte.

Antes íbamos a menudo en invierno y la cocina de interior es muy atractiva, hasta el plato más humilde y que ha sido el desayuno tradicional de los menorquines: el *oliaigua,* básicamente aceite, agua y un sofrito de ajo, cebolla y pimiento al que se añaden tomates en trozos grandes. El secreto es que nunca llegue a hervir, se sirve cuando comienza a bullir, con la primera espuma. Las berenjenas rellenas son muy ricas, así como el perol de patatas con tomate o el de lujo con gambas. La patata menorquina es extraordinaria.

En el restaurante Ca n'Aguedet (Mercadal), en el interior, comí un arroz de la tierra que no se hace con arroz, sino con trigo molido, carne de cerdo, sobrasada, patatas y una cabeza de ajo que va entera. También preparan un perol de ortiguillas o calamares rellenos y, por encargo, cocina de caza.

Menorca tiene buenos embutidos. En Ca n'Aurelia, en el mercado Claustro del Carmen de Maó, los tienen todos. Para mi gusto, el más original es el *camot,* que es cocido, especiado y negro, lleva sangre y su sabor tan característico se lo proporcionan el hinojo, el anís, la canela y la pimienta negra, aunque cada fabricante o cada casa aporta las especias como quiere. Eso sí, todos lo embuten, tras cocerlo y molerlo, en piel de cerdo cosida en los bordes.

Si untas con sobrasada de Binibeca una tostada de buen pan, le das un golpe de horno o microondas y le pones unas gotitas de miel por encima, ya tienes un desayuno o merienda únicos.

Los quesos son su emblema. El blando o fresco, con albahaca picadita y un chorrito de aceite, es el más cercano al sabor de la leche recién ordeñada. Luego están el semicurado, el curado y el más violento de sabor, el añejo. Para gustos...

La huerta de Menorca es espectacular. Cualquier forastero que vaya al Claustro del Carmen se sorprenderá, pues hay frutas y verduras, claramente traídas de la Península a un precio, y al lado frutas y verduras de Sant Lluís o de cualquier otro lugar de la isla a un precio superior, sin que en el precio repercuta la insularidad, porque todo lo de fuera, incluido el teléfono, es como mínimo un veinte por ciento más caro. El teléfono, claro, va por cable por el fondo del mar. Lo mismo ocurre en Ciutadella en la plaza del Mercado, muy bella también, y en el Mercado del Pescado.

Da igual que sean peces o moluscos, la gamba blanca de Huelva, en perfecto estado de revista, no llega a la mitad del precio de la roja de la isla. Influye la escasez. Tampoco, por supuesto, las doradas, besugos, lubinas, peninsulares o de donde sean. Únicamente compite Manolo, el mariscador que hay debajo de nuestra casa, porque no tiene intermediarios; además de mariscador de mejillones, escupiñas, etcétera, tiene siempre la caña tendida entre las mejilloneras —a la dorada le gusta el mejillón, anda que es tonta— y de vez en cuando desde abajo grita: «Víctor, tengo dorada». Nunca pesa menos de dos kilos y al mediodía la hacemos sepultada en sal o con aliño muy ligero de limón, ajo, aceite y perejil; todo lo demás lo trae ella.

El plato más famoso es la caldereta de langosta. Nunca he intentado hacerla porque es muy laboriosa y hay lugares donde la preparan muy bien. Algunas veces ha venido a cocinarla en casa un especialista, tan especialista que hace años, cuando el rey emérito navegaba por las islas, aquel contaba que le habían invitado al *Fortuna* a prepararla. Es conocido como Ricardo «Cara Cortada» y hace calderetas extraordinarias. Su señora, inglesa, borda el solomillo Wellington. Tuvo temporalmente un pequeño restaurante en Es Castell y Miguel Barca contaba delante de él una historia muy divertida de la que fue testigo. Una noche de invierno estaban cenando con unos amigos y la chimenea se apagaba; le pidieron a

Ricardo más leña para avivarla y este les dijo que se le había acabado para a continuación descolgar una puerta del restaurante, trocearla y echarla al fuego.

Menorca es muy especial, muy introspectiva, también muy loca, la tramuntana hace su trabajo y deja su huella y sus damnificados. El invierno, largo y tedioso, produce historias potentes que necesitarían un Flaubert para contarlas.

Pero siempre termino volviendo a la carretera. Mi larga historia con los caminos de España parece no tener fin.

Y sigo rodando sin parar

He cantado en estos días del verano de 2019 en lugares donde antes no lo había hecho y en otros a los que hacía mucho tiempo que no regresaba. Por ejemplo, he vuelto a Vilagarcía de Arousa cuarenta y nueve años después. Entonces fui en pleno éxito juvenil, a las fiestas de San Roque, y ahora que he regresado aparecieron ante mí imágenes imposibles. Llegó un hombre con una foto para que se la firmase. En ella estaba yo, después de cantar en el año 1970, en una casa con dos niños en pijama, uno a cada lado, de unos seis o siete años. «Es que mi padre —me explicó— fue el promotor que te trajo a cantar y al acabar te propuso pasar por su casa a conocer a la familia, sacó a dos niños somnolientos de la cama y se fotografiaron contigo». La foto ha llegado hasta aquí. Los jóvenes concejales de la municipalidad no se lo podían creer, pensaban que con ellos había empezado todo…

Lo que no me podía perder, como siempre que estoy cerca, era la visita a Casa Loliña, en Carril. La matriarca es muy mayor, deambula y hace sus cosas un poco ajena a todo, pero su familia maneja con buena mano la sala y la cocina. Allí di cuenta de unas ostras de Arcade, de unas almejas a la marinera y de un rodaballo a la gallega. Me sorprendieron esas almejas a la marinera, nunca las había comido. Primero, son almejas pequeñas, de color rosado, de carne delicadísima y cocinadas a su manera: vino blanco, un poquito de agua, harina para espesar la salsa y pimentón dulce, también las hacen con picante. Riquísimas. ¿Problema? Que yo nunca he visto esas almejas más que en Carril, donde está Loliña.

En Montánchez (Cáceres) se celebraba un Diálogo de Culturas y me invitaron el primer día para dar un concierto acústico en el Patio del Castillo, que domina el pueblo y que primigeniamente fue romano y luego todo lo demás. Este concierto acústico fue en su origen mucho más largo y se titulaba *Vivir para cantarlo* (2009-2012). Ahora, la primera parte es como la original y luego se van introduciendo temas nuevos, algunos de *Casi nada está en su sitio*.

Premiaron a Loles León y Juan Margallo presentó su biografía *Vivir del aire*. Juan, Petra, su mujer, y familia tienen casa en Montánchez, porque los Margallo son de allí. Comimos abundantemente, comenzando por un lomo y un jamón extraordinarios. «¿Esto dónde se compra?», pregunté.

«¿Sabe usted dónde vive Margallo, el actor? Pues ahí mismo». No sabía, pero lo encontré.

Montánchez es un pueblo pequeño, importante históricamente. Bajamos a desayunar a la mañana siguiente a la plaza de España y, como tardaba en llegar el desayuno, caminé hasta la tienda de Álvaro Galán para comprar lomos y jamón.

En el concierto comenté sobre el escenario que me había escrito el hijo de Joaquín Galán, a quien no tuve el gusto de conocer, para comentarme que dos días antes se había muerto su padre y que este tenía entradas y le hacía mucha ilusión verme y, sobre todo, escuchar de nuevo *Quiero abrazarte tanto*. Cuando caminaba para buscar los lomos embuchados, una mujer salió de su casa, me vio y me dijo: «Yo soy la viuda de Joaquín Galán». A continuación se asomó su hijo y ella añadió: «Y este es el que te escribió». «Lo siento mucho —acerté a decir, y continué—: ¿Estaba malito?». «No, qué va, de un infarto». «Lo siento».

4

Las cocinas abiertas de América Latina

Desde acá, si no la conocemos, tendemos a uniformizar Latinoamérica. Podemos pensar que un urbanícola de Buenos Aires se parece a uno de São Paulo, Bogotá o Ciudad de México. No es así, y no entremos en cuán diferente puede ser en todos esos países la gente del interior, campesina o no. México o Brasil son, en sí mismos, continentes.

Cuando yo comenzaba a viajar a Latinoamérica, una conocida de mi madre se presentó en su casa, en Mieres, porque había leído que iba a cantar en Argentina, para ver si podía llevarle un paquete para un primo suyo que vivía en Colombia.

Cada país, uno a uno, tiene su trastienda indígena, cada cual con su acento. En México el volumen del indigenismo es apabullante, en otros países menos, pero a todos les une la cultura del maíz, domesticado por los pueblos indígenas del centro de México hace más de diez mil años y extendido

Regresando de mi primer viaje a Venezuela en 1970

posteriormente con intensidades diferentes arriba y abajo del continente. Se utiliza el maíz para elaborar tortillas, tacos, enchiladas, burritos, chilaquiles, totopos, tamales, locro, arepas, pastel de choclo, humitas, pozol, chicha, mote, hallacas… El hongo del maíz, el huitlacoche, es exquisito revuelto con huevo, en México es muy común.

La cocina más previsible es la argentina. Los rastros italiano y español son los más influyentes, pero de los esclavos africanos vienen los chinchulines, las mollejas, la ubre. De los nativos, el mate, el maíz, la patata… Unifican a todos el asado, los churrascos, las milanesas, el dulce de leche, las empanadas…

Chile también tiene tradición indígena y aporte español, pero, al contrario que Argentina, allí comen mucho mar.

Seguramente a Colombia la definirían la arepa y el sancocho y la exuberancia frutal: maracuyá, guayaba, papaya, mango…

Todos los países se asemejan gastronómicamente en algunos aspectos, pero la gastronomía de Perú y en mayor medida la de México son deslumbrantes. Hablo esencialmente del menú diario, sin remontarme a platillos prehispánicos, de la selva, de la costa, del norte o del sur. Lo que llega a la mesa comúnmente. La mezcla peruana de culturas gastronómicas es muy atractiva y la pureza mexicana, esencial.

México, sobresaliente en gastronomía

No soy monedita de oro
pa' caerle bien a todos.
Así nací y así soy,
si no me quieren, ni modo.

<small>No soy monedita de oro</small>

Tengo un estómago de hierro. La primera vez que viajé a México en el año 1970, fui al Distrito Federal, ahora Ciudad de México, para hacer unos programas de televisión y me recibió en el aeropuerto mi amigo el pintor asturiano Miguel Ángel Lombardía. Miguel tenía un culo inquieto y se había instalado allí para pintar cuadros con la intención de vendérselos, básicamente, a la numerosa colonia asturiana residente. «Te voy a llevar a comer a un sitio a ver si te gusta», me dijo. Fuimos a los alrededores del Zócalo, donde se acumulaban un montón de tianguis —negocios informales— empotrados entre dos manzanas de casas y en cada una de ellas había varios comederos que atendían a una clientela humilde, numerosa y bulliciosa.

«¿Estás dispuesto a comer de todo?». Pidió carnitas, cochinita pibil, tacos al pastor, ceviche, escamoles, frijoles refritos, birria, menudo (callos)... Todo estaba delicioso. Cuando acabamos el almuerzo me contó que justo en el comedero de al lado, clausurado por orden de la autoridad, habían encontrado la semana anterior, en varias ollas, el cuerpo descuartizado de un varón. La cocinera no había podido deshacerse de él y lo fue cocinando. Ella juró que de esas ollas no había servido a nadie. Mi amigo me enseñó el reportaje publicado en uno de aquellos semanales tremendistas sobre ajustes y asesinatos a los que me aficioné más tarde, que podían llamarse *Alarma, Impacto* o directamente *Sucesos*. Aún recuerdo un titular de portada que me impactó: «Mata a la abuelita de su mamá después de poseerla por orificio vedado». Este tipo de publicaciones recibían el nombre de prensa roja y se nutrían de noticias truculentas, cadáveres mutilados y titulares siempre cafres con ese humor mexicano tan especial donde se referían a los homosexuales como «mujercitos» y a las lesbianas como «hombrecitas». O tras el asesinato de una mujer por su marido delante de sus alumnos en plena clase —ambos eran profesores— titulaban en portada: «Sobresaliente en homicidios». Aquellos semanales solían reconstruir los hechos porque sacaban del depósito de cadáveres al finado o finada y lo llevaban al mero lugar procurando que se le viese siempre el rostro para darle credibilidad. Creo que aquella primera comida en México me inmunizó para siempre y ya nunca he tenido problemas con la alimentación, y mira que me he arriesgado en lugares peligrosos.

Me gusta comer en la calle y México tiene una gastronomía posibilista y extraordinaria para eso. Cuando en 1972 tuvimos que quedarnos allá forzadamente porque no podíamos regresar a España gracias a la burda infamia de que en nuestro musical *Ravos* se pisoteaba una bandera española, me despertaba y salía a caminar. Después de un rato almorzaba unas carnitas y un jugo de naranja en cualquier lugar de los que hay en cada cuadra de Ciudad de México.

Pero tampoco me importaba comer en Casa Merlos, que estaba por la Colonia Observatorio, adonde me llevaron Verónica Velasco y Epigmenio Ibarra, amigos y productores de televisión. Es el mejor restaurante que he conocido en México. La cocinera es una institución, se llama Lucila Molina y me volvía loco con sus cazuelitas de cochinita, tinga, chicharrón, pollo en mole verde o sus platillos de mole poblano o verde, sus chalupas poblanas o su pepián verde. Es imprescindible una visita a su establecimiento. Antes no hacían reservas pero creo que ya sí, y además han abierto otro en Polanco, más a mano. Desplazarse por Ciudad de México requiere temple y tiempo.

Cuentan los que más saben que las gastronomías más completas del mundo mundial son las diversas cocinas chinas y las múltiples cocinas mexicanas. Yo solo puedo opinar de estas últimas. No de todas, solo de algunas de ellas, y son deslumbrantes. A veces su elaboración es mínima: con un taco al pastor tocas el cielo. Y otras, su preparación es compleja, pero vas de asombro en asombro. De las más elaboradas es la cocina poblana, con sus diferentes moles, su pepián, sus chiles en nogada...

Es una suerte que las canciones me hayan permitido viajar y acercarme a sabores que seguramente no hubiera conocido nunca. En aquel primer viaje a México me sirvieron un cordero sobre una hoja de palma que nunca he podido olvidar. Este cordero se cocina después de marinarlo con axiote, que originalmente es una semilla bellísima de color rojo, a la manera prehispánica, es decir, enterrado entre brasas y protegido con hojas de maguey.

La cocina mexicana no se acaba nunca, es infinita, se lo comen todo, tocan el cielo o descienden a lo más simple: por ejemplo, unos tacos al pastor en tortillas mínimas en una especie de galpón o garaje en Villahermosa (Tabasco) son los mejores que he comido nunca. Pero también elaboran piezas exóticas como el pejelagarto en chirmol (salsa roja de tomate, cebolla y cilantro) o la tortuga en salsa verde. El pejelagarto es un fósil viviente que según dice National Geographic no ha experimentado ningún cambio en los últimos cien millones de años. Es correoso, con mucha espina desordenada y estimado tesoro para pescadores por su tamaño y poder para defenderse. Podéis encontrar empanada de pejelagarto en la marisquería La Lupita de Villahermosa, allí sirven además una deliciosa tortilla al mojo de ajo con camarón. También preparan esa empanada en Tulipanes, que además tiene música en vivo. Básico en la dieta tabasqueña es el tamal en diferentes tamaños y rellenos. De Tabasco viene la primera noticia de la existencia del chocolate y a media tarde, en cualquier cafetería, puedes tomar un pozol, la bebida más tradicional, mezcla de chocolate, maíz y agua. Si te has quedado con hambre, pide armadillo en adobo o un puchero tabasqueño, español hasta la médula. Encontrarás sazones únicas como el achiote o la hoja santa. Allí, en Tabasco, Ana rodó *Miss Caribe* durante dos meses y David, Marina y yo acompañamos al equipo de rodaje en las fiestas navideñas del 88.

Un recorrido por esta infinita gastronomía puede empezar por Veracruz y su cocina marinera, sus huachinangos, róbalos o meros a la veracruzana, con influencias claras de la entrada española justo por esa bahía. Esa salsa lleva aceitunas, alcaparras, orégano, pero también chiles, tomates (jitomates allá), ajo, cebolla, pimientos, y el pescado, jugoso, se dora con mantequilla.

O los arroces marineros con jaiba, calamar, camarón y almeja. Los pescados o camarones al coco, Caribe en vena. Del coco salen bebidas, dulces, comidas deliciosas. Puedes comer unos camarones al coco en el chiringuito más insalubre o en el mejor restaurante, los dos deliciosos; en ninguno de los dos casos me he sentido perjudicado…, pero yo soy yo. Tienen fama también los ostiones a la diabla. ¿Pican?, sí. O un caldo endiablado al que llaman «vuelve a la vida» que lleva camarones, pulpo, ostiones, jaibas, caracoles… No es para estómagos sensibles.

En el puerto de Veracruz comimos eso y más a comienzos de 1973. Fuimos hasta allá para transportar un inmenso baúl donde almacenábamos cerámica y cristal de Tlaquepaque (Guadalajara) y de otros lugares del país, también restos del vestuario de aquel musical llamado *Ravos* que, como he contado, tantos daños colaterales nos produjo y nos abocó a una comunión con México inesperada que dura hasta hoy y más allá.

En la plaza central de Veracruz, porticada, acompañados por marimbas, violines, arpas, requintos, sonaban danzones y sones jarochos… Camarones en las mesas, persistente olor marino, palmeras, agua de coco… ¿Quién da más?

Podemos irnos después al norte y cambia el panorama gastronómico de Guadalajara en adelante. El clima se enfría, aunque hay platillos básicos en toda la República. En Jalisco reina la birria, un estofado de cordero o cabra muy sabroso que recuerda a España o más concretamente a Aragón y sus ternascos guisados. También gustan mucho de la torta ahogada, que es un pan relleno de trozos magros de cerdo fritos y remojados en salsa de tomate o de chile de árbol. La torta puede ser ahogada o medio ahogada, depende del grado del picante. El pan no es un pan cualquiera, lo llaman bolillo y cruje por fuera pero es muy blando por dentro. Como casi todo, lo tienes en buenos restaurantes o informalmente en la calle.

Si de Guadalajara bajas al mar, a Puerto Vallarta por ejemplo, a trescientos kilómetros, se sigue manteniendo la cocina de montaña pero irrumpe la del mar con su pescado zarandeado. Aunque el pargo es el más común, también hay lenguado, corvina, lubina u otro similar adobado con salsa huichol (pica) y a las brasas, sin desescamar. La salsa lleva aceite, vinagre de manzana, ajo, cebolla, cilantro, sal y chile cascabel. También hay ceviches y pozole de camarón y en la calle, en pequeñas cocinas con ruedas, tacos de mar y tierra, de camarón, de marlín adobado… Hacen espetos como en Málaga, al borde del mar: pescados o camarones ensartados en un palo, con un fuego al lado que los va dorando. Solo necesitas paciencia para hincarle el diente.

Visité el Mercado del Mar en Puerto Vallarta, donde todo restallaba frescura: ostiones, camarón, pargos, marlín, pez vela, dorada, corvina… También se desayunan modestamente allá dentro unos taquitos de camarón o un platito de aguachile (camarón crudo con limón, sal y pimienta).

Al norte, Monterrey y alrededores, se mata por el cabrito asado a la estaca o al pastor, como le dicen. Los sacrifican jóvenes, recién destetados, y son muy ricos. También el asado de puerco les priva. Te ofrecen en los hoteles desayuno de machaca, que es carne seca de res, huevo y, si te animas, unos chiles en medio.

El lechón al ataúd tiene diferentes versiones, pero siempre es un cochinillo pequeño que se puede hacer al horno, a la parrilla o empalado si es un asadero de pollos. Este previamente se impregna unas horas de achiote, jugo de limón y sal. Si va al horno se unta con manteca de cerdo. El pollo violado impresiona a primera vista: se hace a la parrilla o al horno sentado sobre una lata de cerveza que le incrustan en el culo.

Las arracheras suelen ser excelentes, es suyo el invento. Se trata de una pieza de carne magra, fina, lo que aquí llamamos entraña, y proviene del diafragma del animal. A la parrilla resultan extraordinarias, también suelen marinarlas cuando son piezas muy grandes para ablandarlas porque son muy nervudas. Tanto en Francia como en México se conocen como el trozo del carnicero porque se lo comen ellos preferentemente.

En Puebla de los Ángeles seguramente está la cocina mexicana de interior más completa. Ahí se inventaron el mole poblano y los chiles en nogada y también un bocado llamado cemita con un pan excepcional que lleva dentro queso de Oaxaca, aguacate, milanesa de cerdo, cebolla y rajas de chile. Las chalupas también son de origen poblano; son tortillas más pequeñas de lo normal y encima va una salsa, desmigado de pollo o de puerco o cualquier otra carne y cebolla.

En el mero centro de la ciudad, en el Zócalo, está la Taquería de los Ángeles, muy popular y muy recomendada por los poblanos. Siempre que vamos acabamos allí con todo el equipo. Tiene la cocina a la vista y preparan sensacionales jugos —aguas dicen ellos— de guayaba, de durazno o de limón sevillano y tacos de todo tipo, por supuesto al pastor, carnitas, lengua, chorizo, suadero (vacío), sesos, morro, cachete, vísceras, tripa, machitos —chinchulines en Argentina—, criadillas, cemitas y aún más extremos: la última vez me comí unos tacos de ojos. No saben a nada, pero le pones salsa y ya saben. Por cierto, abren las veinticuatro horas de cada día. Imprescindible.

En Mazatlán, Pacífico, sale al encuentro una cocina marinera. Habíamos cantado en zonas altamente peligrosas: Nuevo Laredo, Tamaulipas, Los Mochis, Culiacán, Sinaloa,

Zacatecas… y llegar a la costa como última parada fue reconfortante. La cocina tradicional trabaja mucho el camarón en distintas aplicaciones, pero también el chicharrón, las albóndigas de pescado, los ceviches y las empanadas de marlín. Acabamos tras el concierto en El Presidio, que nos prestó una excelente atención a esas horas, pues tenía mérito que nos prepararan chorreadas de pulpo a la parrilla con base de puerco y cilantro y tomate confitado o ceviche de pulpo endiablado; algunos se arrepintieron esa madrugada. Otros se reconfortaron con tuétanos a la parrilla o un taco de lengua enchilosa, incluso con una carne a las brasas. El final de la noche fue largo, Ana y yo disponíamos en el hotel de toda la azotea, con varias habitaciones, comedor, cocina y piscina. Teníamos alcohol y todo el equipo fue entrando a la alberca, que con tantos inquilinos rebosaba y el agua caía a un patio interior del hotel desvelando a todos los huéspedes. La piscina tenía una luz interior, no sé cuál, que hacía que Amado Zulueta, percusionista, que es negro casi teléfono, se transformara en verde fosforito dentro del agua. Hay imágenes.

Recuerdo imborrable en San Miguel Allende un mixiote: una carne de carnero especiada dentro de hojas de maguey y cocidas al vapor, aderezada con pulque, ajo, chile pasilla, chile guajillo, laurel, mejorana, clavos… Por cierto, es una ciudad bellísima.

Seguramente el plato más conocido de la cocina yucateca en México y en el mundo sea la cochinita pibil, de origen prehispánico: cerdo adobado en achiote con cebolla morada encurtida por encima. Solo pensar en esos tacos y ya se me hace la boca agua.

Los ceviches son especialmente buenos en Yucatán por la variedad de limón —acá lima— que allí se produce.

En Ciudad de México, que resume toda la cocina del país, nos gusta especialmente El Cardenal. Está en los bajos de un excelente hotel convencional donde nos hemos alojado en varias ocasiones y tiene una carta deslumbrante: tacos sudados, molcajete con queso blando, gusanos de maguey, cuitlacoche y platos de fondo. No hay posibilidad de equivocarse.

Ya cité a Casa Merlos en otro pasaje, lo más. Más modesto pero igualmente extraordinario es El Bajío; su carta ofrece el huarache de carnitas, las chalupas poblanas, el mole de olla... Todo.

Uno de nuestros últimos descubrimientos da la oportunidad de comer buen pescado en Ciudad de México, milagro. Se llama Contramar, es de reserva rigurosa y prepara platos realmente innovadores: pescados al pastor, atún chemita, tacos salteados de camarón... Puedes abrir la carta con los ojos cerrados y pedir donde pongas el dedo. Y también está Rosetta, en la Colonia Roma, que ofrece un pan extraordinario y una cocina creativa y sabrosa en un espacio hermoso y tradicional. Pero, sobre todo, el recuerdo permanece por haber compartido ese almuerzo más reciente con la familia Cárdenas, con el patriarca y un nieto que también se llama Cuauhtémoc. México no se acaba nunca.

Venezuela, entre arepas y *chucrut*

Yo nací en esta ribera del Arauca vibrador,
soy hermano de la espuma,
de la garza, de la rosa,
soy hermano de la espuma,
de la garza, de la rosa y del sol y del sol.

ALMA LLANERA

Hablábamos el mismo idioma y encontrabas cosas en las cocinas de allá con influencias de las cocinas de acá. En aquellos primeros viajes a Venezuela durante 1970 descubrí la arepa, recién amasada, nada más que con una pizca de suero en medio, pero también con queso, pierna de cerdo o mermelada. Otro hallazgo fueron las hallacas, parecidas a los tamales mexicanos que conocí más tarde, pero fritas y rellenas de lo que se te pasase por la cabeza. Me enfrenté a los primeros jugos de una fruta desconocida para mí, la lechosa (papaya). Disfruté de los nuevos sabores que me proporcionaban las caraotas (frijol negro muy especiado). Y con ellas conocí el pabellón criollo (caraotas con carne mechada, plátano frito y arroz blanco).

La Caracas que yo conocí en 1970 estaba entre el futuro y la prehistoria. Convivían nudos de autopistas espectaculares, sólidos edificios, lujo que dañaba la vista con la pobreza redundante. Cerros asomados a la riqueza, cerros pintados del color del candidato electoral que les había regalado la pintura para decorar sus casas. Cuando caía la oscuridad, la peligrosidad era extrema. Por ejemplo, viajabas por una autopista y de pronto veías un cuerpo inerte, una persona tirada en un arcén con las piernas dentro de tu carril, y amagabas con el freno, pero entonces escuchabas cómo tu acompañante te gritaba: «Sigue, sigue, es alguien que está fingiendo un accidente. Si paras, de ahí atrás aparecen cuatro que te quitarán todo, hasta el carro». Te acojonaban.

Canté en el Centro Asturiano y me sentí muy querido e hice amigos que me han acompañado años. Permanecí embobado los días que estuve viviendo en el Hotel Tamanaco ante la hermosura de las mujeres, después reinas de belleza permanentemente en los concursos.

Una mañana de estas abrí el periódico y me encontré con otra Venezuela que conocí por casualidad en 1970. En mi primer viaje hice buena amistad con Belén y Gervasio, matrimonio asturiano con dos hijas. Un domingo me llevaron a sesenta kilómetros de Caracas, a visitar la Colonia Tovar. Las nubes estaban muy bajas y parecía que estábamos entrando en un poblado centroeuropeo por la arquitectura, las farolas y la imponente iglesia de San Martín de Tours, copia exacta de la de Endingen, el lugar de donde partieron los fundadores de la colonia. Se la conoce como la Alemania de Venezuela y es como un rincón de cualquier ciudad pequeña de Alemania, de Suiza o de Austria. Tenía entonces doce mil habitantes.

Al iniciarse la República venezolana, en 1843 firmaron un acuerdo para trasladar a cuatrocientos colonos del Ducado de Baden y poblar algunos rincones del país, campesinos básicamente para desarrollar la agricultura. Comenzaron cultivando café, pero más tarde plantaron también legumbres, verduras, frutas… Mantenían sus tradiciones y, no sé si porque era domingo, muchos de ellos, sobre todo las mujeres, vestían trajes típicos de la región de donde procedían. Las casas tenían los tejados en punta y los entramados de madera. Búsquenla en Wikipedia si quieren ver una rareza. Como hay muchos turistas tienen talleres artesanales de cerámica y fábricas de embutidos, dulces, cervezas o conservas. La Tovar está muy alta con respecto al nivel del mar, unos mil setecientos metros, y la temperatura es fresca. Todos tenían la piel muy clara y se habían cruzado entre ellos desde que llegaron allá. Durante un tiempo se prohibió expresamente el matrimonio fuera de la colonia, para garantizar la continuidad étnica y colonial, aunque después estas prácticas fueron abolidas por la ley venezolana, pero ya se sabe que la cabra tira al monte…

Almorzamos en el Hotel Selva Negra salchichas, codillo y *chucrut* con puré de patata, *strudel* de manzana y todo regado con cerveza Tovar. Menos la marca de cerveza, todo era exactamente igual que el menú que me gustaba en el restaurante Edelweiss de Madrid, justo detrás de las entonces Cortes, ahora Congreso de los Diputados.

Desde hace unos años cientos de miles de venezolanos recalan en España, algunos porque son inmensamente ricos y tienen resguardada su plata y quieren cuidarla; los más, buscando su lugar al sol, simplemente una vida mejor y no depender de las torpezas y veleidades de gobernantes que nadie se merece en ninguna esquina del mundo. Una tragedia que afecta a la población, unos ya lo saben y otros lo sabrán más pronto que tarde.

Chile y los completos infinitos

Si vas para Chile te ruego que pases
por donde vive mi amada,
es una casita muy linda y chiquita
que está en la falda de un cerro enclavada...

SI VAS PARA CHILE

Pocas canciones pueden expresar mejor la sentimentalidad de Chile. Son gente de principios y durante muchos años la división política estuvo perfectamente establecida. Una derecha momia, irreductible, a quien le compraría el discurso cualquier extrema derecha europea. Un centro que a veces reparte juego a la derecha pero suele pactar para gobernar con el centro izquierda. Una izquierda que se busca a sí misma perennemente, que sabe lo que no quiere e intenta adivinar qué le conviene. Y un movimiento estudiantil muy fuertc a izquierda y derecha.

En Santiago hace muchos años, ya no, siempre te recomendaban ir a tomar mariscos al Mercado Central, pero pronto te dabas cuenta de que no se te había perdido nada allí. Hay en el país ricos mariscos, excelentes empanadas, pasteles de choclo (maíz) y también de pino —pues están rellenos de un guiso de carne que se llama así—, pasteles de jaiba muy ricos y lo más turístico pero excelente: machas a la parmesana.

Nos habían tentado, pero nunca habíamos probado el curanto y hace unos años Ana y yo, después de oficiar en la *Teletón,* programa benéfico que capitanea desde la noche de los tiempos el incombustible Don Francisco, pusimos como condición un viaje a Puerto Montt. Siempre rebotaba en mi cabeza la canción de Violeta Parra, la más grande, escrita tras el terremoto que destruyó Puerto Montt, que dejó más de dos mil muertos y un tsunami devastador. Cantaba Violeta en *Puerto Montt está temblando:* «Puerto Montt está temblando/ con un encono profundo/ es un acabo de mundo/ lo que yo estoy presenciando/ a Dios le voy preguntando/ con voz que es como un bramido/ ¿por qué mandó este castigo?/ responde con elocuencia/ se me acabó la paciencia/ y hay que limpiar este trigo».

Volamos desde Santiago y de ahí cruzamos en un ferri a la isla Grande de Chiloé, un archipiélago con más de cuarenta islas con una arquitectura bellísima, palafitos en el agua e iglesias espectaculares, muchas de ellas Patrimonio de la Unesco. Había llegado el momento de probar su plato más típico, el curanto en olla. Cuando llegó a la mesa para que nos fuéramos sirviendo, tuvimos la sensación de que los primitivos pobladores fueron los inventores de la cocina del mar y la montaña que tanto gusta sobre todo en Cataluña.

A saber: la olla, después de sofreír unos ajos, cebolla y ají, recibe carne ahumada, rajas de chorizo y trozos de pollo,

Palafitos en la isla Grande de Chiloé

caldo de gallina y el caldo de cocer aparte los locos (que es el callo de un molusco o varios); también se añaden almejas, machas, picorocos (un crustáceo que es muy feo de aspecto pero muy bueno de sabor) y finalmente choritos zapatos, que son mejillones del tamaño del zapato de un niño de ocho años, y es que en Chile todo es ancho o largo. Se le agregan por encima trozos de corvina, congrio y piures, que son una especie de piedras con dos orificios que hay que romper para sacar una carne exquisita. Añaden patatas y un litro de vino blanco antes de cocer. Todo esto lo acompañan con melcaos, que son unas tortas pequeñas fritas de papas, mantequilla, sal y chicharrones.

A la vista del plato imaginé por su extensión que todo eso tenía cabida en una celebración de interminables horas donde podías comenzar indistintamente por el caldo, los pescados y mariscos o darle la vuelta a todo y empezar por las carnes y acabar con un chorito zapato en cada oreja. Lo real: te sirven el caldo por un lado y las proteínas por otro.

En Arica, frontera con Perú, probé un plato que luego he repetido mucho en casa y que no conocía: la raya a la mantequilla negra con alcaparras. Es muy rico también el charqui, carne de alpaca o de llama seca y deshidratada.

Los oricios —erizos de mar— son espectaculares de sabor y tamaño y se suelen comer crudos; personalmente los prefiero cocidos. Las machas se toman a la parmesana con un golpe de horno antes de salir a la mesa; son muy delicadas de sabor y parecidas a las coquinas. Y su plato nacional tiene su receta en verso y escrita por Pablo Neruda: «Oda al caldillo de congrio». En otro lugar contaré el almuerzo con Matilde Urrutia, mujer del poeta, en su casa de Isla Negra.

Lo que atraviesa de arriba abajo Chile, y mira que es largo, es el completo, un pan que lleva dentro cosas diversas; vamos, un bocadillo que diríamos aquí, pero muy trabajado. En Arica, en el norte, se llama ariqueño; como es frontera con Perú, utilizan una salsa muy peruana que llaman al olivo y se hace con aceitunas moradas, mayonesa, jugo de limón, miel y aceite de oliva. Además de esa salsa el ariqueño lleva aguacate y patatas paja.

En la otra punta, al sur, a casi cuatro mil kilómetros, en Punta Arenas —hicimos allí *Vivir para cantarlo* tras un viaje interminable por las múltiples paradas en aeropuertos diminutos—, se toma el completo patagónico, que lleva mayonesa al ajo, champiñones al romero y queso derretido. La luz en Punta Arenas es la del fin del mundo.

Entre estos dos puntos tan distantes se pueden degustar otros «completos», como el santiaguino, el coquimbano, el porteño en Valparaíso o el antofagastino. Los nombres que tiene el completo son de lo más variado: dinámico, español, rodeo, suizo, turco, atómico, brasileño, italiano, chacarero, alemán, gringo, chemilico, a lo pobre...

Igual que en Asturias rivalizan para ver quién hace el cachopo más grande y con más original relleno, en Chile la competición es alrededor del arrollado huaso más grande: un rollo de cerdo relleno con ajos, vinagre, ají, carne de cerdo, panceta, cuero, sal, pimienta y comino y atado con un cordel antes de ser cocinado. Se sirve en lonchas. Hay competiciones a lo largo y ancho del país. En todos los lugares se miran en parecidos espejos: a ver quién la tiene más larga.

Ecuador, correrías gastronómicas

Yo tengo un ancestro de volcán, acantilado y selva,
tengo un romance con el mar que corre por mis venas,
tengo pendiente en mi destino un juramento trasnochado,
tengo al final de mi camino una vasija de barro…

PAÍS ACUARELA

Siempre había entrado en Ecuador por Quito. Un poco caótica la ciudad hasta que subes al Quito noble. Caminas por sus cuestas y recuestas, además de la altura que ya tiene. Hay comida callejera rica como la carne en palito, adobada con comino, achiote (especia imprescindible en esta cocina) y ajo; asados en parrillitas en múltiples rincones; las empanadas de viento con queso y cebolla dentro y, eso sí, azúcar encima; los panecillos de yuca son extraordinarios en tamaño, pequeños y delicados. Si se prefiere estar sentado, se puede comer una fritada de chancho (cerdo) cocinada con jugo de naranja, ajo, comino y cebolla hasta que se evapora el agua, precisamente a eso es a lo que llaman fritada. Trabajan mucho el seco de chivo, de pescado o de chancho. Los guisos siempre están acompañados de arroz y un arroz de ultramar muy rico que llaman chaulafán, su versión del arroz chino frito con verduras, pollo, tocino, especias y lo que tú quieras. De eso se trata.

Pero me fascinó de Ecuador un chancho (cerdo entero) que cocinaban en horno de leña, al que llaman hornado. Pesaría el animal entre noventa y cien kilos. Camino de Cuenca, del aeropuerto al hotel, junto a la carretera, vi algún animal asado, con un puestecito al lado y gente con sus platillos en la mano que se animaba a probarlo; si hubiese ido en mi coche habría frenado en seco, pero me daba apuro decirle al chófer que nos había recogido ceremoniosamente en el aeropuerto: «¡Pare!». Quizá no comprendieran exactamente qué significaba que dos artistas internacionales de primera magnitud se tomasen un platillo de chancho hornado al lado de la carretera. Seguimos, pero la imagen se me quedó grabada.

Teníamos dos días libres antes de cantar y, como siempre, me dediqué a callejear por la ciudad. Cuenca es bellísima y hay varios artesanos que fabrican los originales sombreros Panamá, de ahí vienen, ahí nacen, y no de Panamá. Por eso en Cuenca está el Museo del Sombrero Panamá, muy recomendable. Me contaron la pelea por tratar de revertir el nombre del sombrero a sus orígenes, pero parece que el tema es irreversible. Hace años consiguieron que la Unesco declarara Patrimonio Inmaterial de la Humanidad el tejido tradicional del sombrero de paja toquilla ecuatoriano. Y ahí se quedó todo. Así que ni con esas. Son caros los Panamá buenos, muy caros.

Cuenca es una ciudad muy abarcable y callejeé como pollo sin cabeza. Encontré en mis correrías el Mercado 10 de Agosto, en la calle Larga, en el centro. Nunca había visto tanta variedad de patatas: nativas como la yema de huevo, la uvilla, la violeta, que tienen menos tamaño que las mejoradas pero son mucho más ricas. También pude encontrar exuberantes frutas y verduras. Y algunos locales en los que podías darte un homenaje… Eran las once y yo suelo desayunar frugalmente a primera hora, pero ante mí estaba el chancho entero horneado con sus morros con un tomatito en la boca, sus orejas y su rabo: un escándalo. Pedí un platillo y es uno de los desayunos más extraordinarios que he probado. Ese chancho se macera en chicha de maíz y se asa con mantequilla de cerdo y achiote. A los nativos y a mí nos gustan las cascaritas (piel crujiente del cerdo) con tortillas de papa (llapingachos) y mote (maíz cocido y pelado). Se lo sirven con plátano maduro frito, cebolla encurtida y ají. Imprescindible en toda su cocina el achiote, como ya he dicho. Como acompañamiento, un morocho: leche, pasas, maíz… Para todo el día.

Los callos son infinitamente más delicados que los nuestros. Reciben el nombre de guatita (tripa) y se cocinan con mantequilla de cacahuate, leche, cebolla, ajo, ají, pimiento y tomate. Sin embargo, no son más sabrosos.

Hornado en el Mercado 10 de Agosto, Cuenca

Son muy ricos también los sancochos (sopas), tanto de carne como de pescado, y en la costa, en Guayaquil, el encebollado, con mucha especia y de larga elaboración. Este tiene como base el atún o albacora y es común hasta en el desayuno. Los encocados (cuyo ingrediente principal es la leche de coco) de pescado o camarón son sabrosos y parecidos a los del Caribe colombiano. En esa misma ciudad costera, en pleno centro, hay un pequeño parque lleno de iguanas gigantescas que aprecian sobremanera que les des doritos, ganchitos o como se llamen allá, y también helados con su galleta. A pesar de ese aspecto fiero, parecen derretirse de gusto.

Ecuador ha avanzado mucho estos últimos años. Por un lado los emigrantes inyectan millones de dólares o euros en la economía y, por otro, Guayaquil en particular, puerto importante del Pacífico, es el motor de la economía ecuatoriana.

Costa Rica, los mejores desayunos del Caribe

Noble patria tu hermosa bandera,
expresión de tu vida nos da,
bajo el límpido azul de tu cielo
blanca y pura descansa la paz…

Así arranca definitivamente el himno de Costa Rica, que sufrió muchos avatares y no fue reconocido definitivamente hasta comienzos del siglo pasado y oficializado en 1949. Pero quizá representa mejor al tico (costarricense) una menor solemnidad:

Caña dulce pa moler
cuando tenga mi casita:
¡Oh, qué suerte tan bonita
que pa mí tendrá que ser!

CAÑA DULCE

Y sí, en ella, en su letra sencilla, se siente al tico. El tico es un ser afable, tranquilo, que ha interiorizado que en la medida que su tierra siga preservando sus veintisiete parques nacionales, sus reservas biológicas y forestales, él puede seguir optando a vivir en uno de los países más felices del mundo.

En el Mercado Central de San José puedes encontrar de todo: animalitos domésticos, esponjas, percusiones, artesanías, ropa, juguetes, granos, condimentos, carne, pescado, mercaderías y comidas inimaginables, como su sopita de mondongo (callos, tripa, panza de res). Por cierto, cuando alguien pesa mucho más de lo normal se dice que se le remueven los mondongos al caminar.

Es el mercado por excelencia para los ticos, donde además de hacer la compra pueden comer jocotadas, sopa chorotega o chiverres tiernos salteados. Pero no solo eso, también se limpian por dentro con todo tipo de ungüentos, hierbas e infusiones. O consiguen combatir los piojos juntando apazote, durazno, hombre grande, tabaco, ruda, madero negro, soros… Por lo menos así rezan los anuncios.

El mercado está en el mero centro de San José y ocupa una manzana completa, muy abigarrada. Está repleto de pequeños espacios donde puedes encontrar de todo, desde plantas medicinales a «desfoliadores» naturales, flores, ropa, artículos de ferretería, bolsos o unas auténticas botas de piel de serpiente.

Allí hay muchas cosas que se pueden desayunar en un «soda», así les llaman a estos locales del mercado, desde un gallo pinto (frijoles negros, arroz, cebolla, cilantro, comino) a unas tortas de Tiquisque (huevos, cebolla, cilantro, ajo, harina, aceite) o también una carne mechada con su salsa, banana, arroz, coco y frijoles. En el soda Cristal sirven también picadillo con plátano maduro o la olla de carne. Y en la pescadería El Rey preparan al instante un ceviche a la tica que se diferencia de otros porque lleva chile dulce y apio. También encuentras el típico helado de natilla o un sorbete de frutos exóticos.

Muy cerca está el Mercado Borbón, más primario y más oscuro. Da más pereza entrar, pero ahí tienes todas las verduras, frutas, carnes y pescados.

El casado es una de las comidas más típicas de Costa Rica. Se compone, si alguien no quiere añadirle algo más, de frijoles, arroz, plátano frito, pimiento rojo, cebolla y carne de cerdo o ternera a la parrilla.

Si caes por el Caribe costarricense, por ejemplo en Puerto Viejo, te recomendarán el restaurante Koki Beach, en la playa; allí encontrarás fusiones de comida jamaicana. Por ejemplo, se puede probar un desayuno espectacular compuesto por el pambón, un derivado del pan de jengibre inglés, acompañado de especias y frutas. Pero también son una delicia los mariscos (cangrejo, erizos, camarones, langosta). O se puede pedir el rondón como plato estrella, que es una sopa de marisco, pescado y leche de coco acompañado con yuca y ñame. Mientras se comen estas exquisiteces, se disfruta de una música muy personal que va del *reggae* al *ska* cantada en un dialecto propio mezcla de inglés y castellano. En la costa del Pacífico se prueban buenos ceviches de corvina, de tiburón y de camarón y dulces de todo tipo y condición, pues les gustan sobremanera los dulces a los ticos. En los hoteles la comida es infinitamente más aburrida para no sacar al turismo de su zona de confort. En estos establecimientos turísticos no pasan de un gallo pinto o un plátano frito como muestra nacional y, eso sí, muchos dulces para finalizar el almuerzo.

Colombia, en la cocina de Asenet

Es tan exuberante Cartagena que cuesta identificar las músicas, pues es tal la variedad entre cumbias, vallenatos, porros, guabinas, champetas, boleros, salsas, baladas… que es prácticamente misión imposible asignarle unas palabras, una sola canción… A Asenet le gustaban los bambucos sobremanera.

> *A mí cánteme un bambuco*
> *de esos que llegan al alma,*
> *cantos que ya me alegraban*
> *cuando apenas decía mama…*
>
> Soy colombiano

Tantos días en Cartagena de Indias, en la calle de La Factoría, donde hemos ido de vacaciones tantos años… Y es que de la mano de nuestra amiga Asenet todo era más fácil. A Asenet Velásquez, siempre querida y recordada, la conoció Ana, vía Daniel Samper, en la embajada de Colombia en 1994, cuando, después de celebrarse en Madrid el Festival de los Pueblos Indígenas, se reunieron con otras personas para tratar de organizarlo en Colombia. Asenet invitó a Ana a su casa de Cartagena de Indias cuando tenía previsto asistir al festival de cine. Entonces Asenet rentaba la Casa de la Griega, justo enfrente del convento de Santa Clara. Ahí situó *Del amor y otros demonios* y sus peripecias García Márquez; hoy es el Hotel Santa Clara.

En la cocina de la calle de La Factoría, donde reinaban Pascuala y Marcos, vi cómo cocinaban un trozo de carne de nombre plateada, ese corte al que aquí llamamos vacío, y cómo hacían un sofrito de cebolla, ajo, algo de tomate triturado y le agregaban en su cocción un refresco de cola. Lentamente se reblandecía la carne hasta casi disolverse y en la medida que se evaporaba la cola, iban añadiendo más. Cuando volví a casa lo apliqué a unas carrilleras de cerdo; les añado además el jugo de medio limón y varios clavos y, tras una cocción lentísima, quedan muy tiernas…, en cuanto ven el tenedor se deshacen.

Cartagena está en el Caribe colombiano y uno se enamora a primera vista de la vieja ciudad y de su gente. Nuestra amiga Asenet, que falleció hace quince años, decía que cuando yo ponía el pie en Cartagena, subía el precio del marisco y del pescado. A media mañana aparecían por las calles pescaderos con cubos de camarones, otros con piezas de pescado de gran tamaño: pargos, mojarras, róbalos, chernas... y pactabas con ellos un precio y allí mismo en la acera, sobre hojas de periódico, lo limpiaban y te lo entregaban. Pedían un cubo de agua y limpiaban los restos. «¿Cuánto pagó por esto?», preguntaba Asenetica. «Tanto», le decía. «Está usted loco, ¿qué vamos a hacer cuando se vaya de aquí?».

En Cartagena tienen también casa nuestros amigos Pilar Tafur y Daniel Samper, a los que conocimos por Asenet, y ahí, en la calle Tumbamuertos, hemos vivido y comido sancochos de pescado, encocado de camarón, enyucados, arepas y ajiacos monumentales. Pilar también prepara esto último en Madrid, incluso en Maó, con igual fortuna. El ajiaco es una comida exquisita, plato único. En esa olla se echan pechugas de pollo, leche, caldo de gallina, cebolla, laurel, cilantro fresco, comino en polvo, papas criollas —que son amarillas por dentro y se cortan por la mitad— y papas sabaneras cortadas en varios trozos, mazorcas de maíz troceadas y huascas a última hora. La nata líquida y las alcaparras se sirven aparte.

Un poquito más arriba, en la plaza de San Diego, una señora de blanco impoluto fríe carimañolas, que son deliciosas. Su elaboración es la siguiente: cueces yuca, haces una bola de masa y, como si fuera masa de croquetas, vas separando porciones y las rellenas con lo que quieras: carne de cerdo guisada previamente o cualquier otro relleno salado o dulce. Las cierras y las fríes con aceite vegetal bien caliente.

Cerca de Cartagena, a una hora en lancha si está bien el mar, están las islas del Rosario. Varias veces, junto a otros amigos, hemos alquilado una casa y nos hemos instalado allí unos cuantos días. También aquí aparecen pescadores a media mañana con camarón, langosta, caracolas o pargos. El pescado más extraordinario que he probado es el pargo pluma, bellísima especie que suele pesar de tres a cuatro kilos. Tiene un sabor inigualable y solo hace falta pasarlo por la parrilla y echarle un chorrito de aceite cuando ya está en el plato.

Hemos viajado mucho a Colombia y concretamente a Cartagena algunas Navidades. En la aduana me retuvieron alguna vez con maletas llenas de jamón loncheado, chorizo, latas de conserva o fabadas con su compango (chorizo, tocino, morcilla, lacón) envasado al vacío. «¿Y esto?», preguntó el aduanero. «Es que nos vamos a embarcar», le respondí. «¿Para cuántos meses?», preguntó…

Nunca he cocinado fabada para tantos como en Cartagena. En la calle San Francisco hay una casa mítica que fue de Sam Green, un coleccionista, anticuario y excéntrico millonario norteamericano que entre otras rarezas tenía un diamante incrustado en un diente. En esta casa se alojaron, invitados por su dueño, Greta Garbo, John Lennon, Yoko Ono y las familias Agnelli, Rothschild y Kennedy. Green recuperó esa gigantesca casa con doce habitaciones y catorce cuartos de baño, amén de una piscina y un salón imperial de veintiocho por catorce metros más un techo de caoba labrado a diez metros de altura. Esa casa la alquiló Asenet para todos nosotros y otros amigos una Navidad. También tenía una jaula en el patio central con dos loros gigantescos que madrugaban.

Yo había importado elementos suficientes para elaborar una fabada asturiana bajo los treinta y cinco grados y ochenta por ciento de humedad que nos asolaban. Esa casa, con esas dimensiones, disponía de una vieja cocina. Allí había unas ollas de tamaño considerable y unas cucarachas espectaculares. Así que el día anterior a la gran comida, comencé a cocer todas las carnes. El servicio de la casa ayudó y a la mañana siguiente puse en marcha cuatro kilos de fabes para treinta comensales. Salió bien, alguno comió lo justo y otros repitieron. Entre los comensales se encontraba Ernesto Samper, que además había convocado a dos expresidentes más. Así que el vendaval de ventosidades pudo extenderse sin problemas por toda la ciudad. Por lo demás, nos repartimos por sectores y afinidades por toda la casa a la hora del almuerzo.

A finales de enero de 2018 celebramos en Bogotá el recuerdo de Asenet. Nos juntamos un montón de gente que la quería, solamente para eso, para recordarla, y ella estuvo bien presente durante todo el festejo, que se celebró en la que fue su primera galería de arte con su socio Garcés. Una foto enorme de ella presidía el encuentro, guapísima. Sonaron vallenatos hasta bien tarde y todo fue como ella habría deseado, con amigos, música y su grito de guerra: «¡Vénganse todos!». Por cierto, una de las canciones que acabo de escribir se titula *Que se vengan todos* y por supuesto está dedicada a ella, la reina. Acabo de recibir un libro-arte-joya con textos de Daniel Samper y serigrafías de diferentes artistas colombianos, titulado *Jodas elementales,* una belleza. Asenet lo habría hecho igual, pero no mejor.

De Bogotá nos fuimos a Cartagena invitados por el Hay Festival. Estuvimos en el escenario del Teatro Mejía conversando con Roberto Pombo, director de *El Tiempo,* y más tarde Ana por su lado con Luis Alegre y yo con Daniel Samper en la Casa de España. Fue delicioso regresar de nuevo al Hotel Santa Clara rebosante de escritores. Uno de sus huéspedes fue el omnipresente y amable Coetzee.

Siempre que estoy en Cartagena callejeo mucho, sin descanso. Callejear, tomar un jugo, visitar puestos me acelera. Todo el tiempo me vienen esbozos de melodías o palabras aprovechables que grabo en mi teléfono con ruidos inevitables de fondo mientras sudo descontroladamente por tanta humedad. Cuando recupero esos sonidos en Madrid para trabajar, se mezclan gritos optimistas como «¡que se vengan todos!» con alguien que vende un jarabe con extracto de coca para levantarte el ánimo, para ponerte al día. Me gusta escuchar estas voces en Madrid y regresar entonces a Cartagena, con los gritos de los vendedores o el jaleo del Mercado de Bazurto, de difícil tránsito para un foráneo. En ese mercado fuera se encuentran la ropa y el calzado, pero también las verduras, las hortalizas y las flores, todo al borde del mar, con bandadas de pelícanos como espectadores. Dentro del recinto, los pescados y las carnes. Los olores se mezclan. Es mucho peor el de la carne que está curándose al calor del Caribe. Hay incluso algún puesto solo de ojos de vaca, que parece que te enfocan cuando los miras. Ahí también se consiguen pargos relucientes, camarones, langostas, corvinas… En el Club de Pesca se comen todos esos y más. Ha mejorado este club, pues hace años era más rústico y comías igualmente al borde del mar pero bajo hules frondosos que albergaban pelícanos u otros pájaros descomunales que de improviso dejaban caer cerca o a tu lado bostas infernales. Tenía peligro aquel club de pesca, ahora no.

Caminar, hacerte el perímetro de las murallas de Cartagena es muy enriquecedor. En el último viaje, paseando con Daniel Samper, nos encontramos con un vendedor callejero de libros que le reconoció. Daniel le preguntó si no tenía algún libro suyo pirata. «No, doctor, hoy no tengo nada». «¿Seguro?», le preguntó el autor de *Camas y famas*. «No —se reía con ganas—, he tenido, pero ahora no tengo». «Bueno, pues resérveme algún ejemplar cuando le lleguen». Arriba de la calle donde viven Pilar Tafur y Daniel está la plaza de San Diego, donde cenábamos frecuentemente. En la última ocasión el dueño de la pizzería le explicó a Daniel con detalle cómo en el mismo lugar donde él estaba sentado habían ultimado a balazos a un poderoso narcotraficante en medio del almuerzo. Le hizo el detalle y a Daniel se le puso mal cuerpo.

Perú, una cocina de moda

Jazmines en el pelo y rosas en la cara,
airosa caminaba la flor de la canela,
derramaba lisura y a su paso dejaba
aromas de mistura que en el pecho llevaba…

LA FLOR DE LA CANELA

¡Qué grande y qué original, sin proponérselo, era Chabuca Granda! Me la presentó en Madrid el verano de 1970 María Dolores Pradera en una sala que había dentro del Retiro, que años después se demolió. Se llamaba Pavillón y era más pequeña y alargada que Florida Park. Durante aquella época, en ambas salas indistintamente se presentaban orquestas, magos e ilusionistas. Ah, los coches circulaban por el parque y podías aparcar en la puerta o el aparcacoches te encontraba un sitio. En el paseo de Coches solía terminar la Vuelta Ciclista a España.

Ellas habían tenido la deferencia de acudir a verme cantar y las dos además tenían ascendencia asturiana, la Pradera más directa. Yo, que era un «jovenazo», no era demasiado consciente de qué personalidades tenía delante de mí, la juventud y el adanismo van de la mano.

María Dolores siempre contaba anécdotas, chascarrillos, y en la siguiente ocasión que volvimos a encontrarnos me dijo que Chabuca estaba impresionada por el sentimiento que yo manifestaba al cantar «el abuelo fue picador» y que le susurró al oído que no sabía que los asturianos fuesen tan aficionados a los toros.

Perú y su cocina están de moda. Eso no es un demérito. En medio mundo hay ya tiraditos con ají amarillo, rocoto, aceitunas negras, servidos con camote y choclo en granos. El ceviche, también chileno y por qué no, comida universal, no os mosqueéis, ha inundado las cocinas. La verdad es que es un plato sencillo y sano, solo tiene que haber buen pescado. Y también están el pisco sour, la parihuela —un caldo de pescados y mariscos— y la leche de tigre, que es un invento maravilloso. Han exportado la cocina nikkei (fusión peruano-japonesa) a todo el mundo. Mi peruana de cabecera, Jimena Coronado, nos recomendó hace tiempo varios restaurantes nikkei en Lima, como el Maido, el Hanzo o el Fiesta. Los probamos y eran excelentes. Los japoneses que vivían en Perú no encontraban algunos productos para su cocina e incluyeron la papa peruana, el ají amarillo o el limón y a su vez aportaron a esa cocina el jengibre, el *wasabi,* el miso, la soja o el vinagre de arroz… La fusión fue extraordinaria.

Los peruanos han incorporado al recetario universal las causas. Qué nombre tan desconcertante para un platillo tan simple y delicioso: pastel de patata y dentro lo que prefieras, atún, pollo, ají de gallina… Lo que más importa es la patata.

La cocina chifa (peruana-china) también es excelente. Me gustó especialmente el Chifa Titi, un restaurante que está allá por San Isidro, un barrio de Lima que deberíais conocer todos. Lo cantó Chabuca. Cuando estuvimos allí, comenzamos con una sopa wantán y luego seguimos con chicharrón de pollo y costillas picantes al estilo cantonés con arroz chaufa. Fue imposible acabárselo todo.

El Mercado Central de Lima está un poco desbarajustado y lleno de vida. Puedes encontrar todo, y cuando digo todo es todo. No acabarás nunca de recorrerlo por muchas horas que eches dentro. Por supuesto encontrarás frutas, verduras, legumbres… y también quesos paria, los suyos. También se come en el mercado, desde mucho antes de que se comiera en algunos de Europa. Por ejemplo, probar la papa a la huancaína es imprescindible. Pero no dejes de disfrutar de la causa limeña (papas, pollo o lo que prefieras, pimientos, cebolla roja, jugo de limas y decóralo como tú quieras), del arroz verde o del ají de gallina.

También he comido en el mercado municipal de Chorrillos, donde las paradas de pescados y mariscos son deslumbrantes: corvina, pejerrey, machas, choros, cangrejos, langostinos, pulpo, calamares, conchas negras y de abanico... En el puesto que te venden también te cocinan, solo eliges los alimentos y listo.

Cuba, exquisita simplicidad

De qué callada manera
se me adentra usté sonriendo,
como si fuera la primavera…

DE QUÉ CALLADA MANERA

Viajamos a Cuba por vez primera a comienzos de 1976. Redento Morejón, que trabajaba en la embajada en Madrid, nos invitó y para allá fuimos con nuestros músicos. Debutamos en el Teatro Amadeo Roldán, antes de que se incendiase en 1977. Todo era nuevo para nosotros. Nos alojábamos en el Hotel Capri, un hotel pequeñito en la calle 21, cerca del Habana Libre, que funcionaba razonablemente bien. Ahí, pocos días después de instalarnos, mientras nos bañábamos en la piscina de la azotea, nos abordó un auxiliar de la compañía Iberia para anunciarnos que nos habían puesto una bomba en nuestra casa de Torrelodones. Como no sabíamos nada, se acercó a su habitación y nos trajo el periódico donde venía la foto del muro reventado y firmado: «Guerrilleros de Cristo Rey».

La comida en el hotel era de batalla, un bufé impersonal y malo. Pero en aquellos tiempos tan lejanos, enchufados a la teta rusa, existía un cierto consumo, podías comprar una cámara de fotos, había comercios abastecidos, no faltaban librerías, era posible conseguir una caja de cervezas Cristal o Bucanero y también una botella de

ron Havana Club, Legendario o Santiago de Cuba. Tomar un daiquiri en Floridita o un mojito en La Bodeguita del Medio no se ha dejado de hacer nunca porque es
territorio exclusivamente turístico. Podíamos salir a cenar
con ciertas garantías; recuerdo que había un restaurante
ruso en una calle perpendicular al Malecón, en un cuarto
piso, con una luz de neón atroz, pero donde podías tomar
ricas sopas, ensaladas de arenque, platos de carne de cerdo y hasta unos blinis con caviar, que por aquel entonces
no era tan caro.

En La Bodeguita se comía rico y hasta bien entrada la
noche platillos tradicionales como el arroz congrí, moros y
cristianos, chicharrones o pierna de cerdo, tasajo, frijoles
negros, chicharritas de plátano o de malanga, ropa vieja,
yuca con mojo, pastel de guayaba… Ahí nos encontramos
por última vez, antes de suicidarse, con Haydée Santama-
ría, heroína, guerrillera y política cubana. Era tarde y nuestro hijo David, muy pequeño todavía, se había hecho la
cama sobre las piernas de su madre y las mías y dormía
profundamente. Haydée lo vio y, medio en serio, medio en
broma, nos dijo que no teníamos vergüenza de andar con
aquel pequeño durmiéndose en La Bodeguita.

En otro almuerzo en un restaurante con ciertas preten-
siones Ana pidió sopa de cebolla con queso y yema de huevo. Cuando se la trajeron preguntó: «¿Esta sopa no era con
yema?». «Sí, señorita —respondió el mozo—, la sopa la lleva, pero no la contiene».

También conocimos en 1976 a Pablito Milanés, estuvimos una noche en su casa y nos cantó algunas de las joyas que conocemos de él. De aquel primer viaje David llegó en el vientre de su madre y regresó de nuevo cuando tenía dos años. En la guagua hizo una gira muy pesada para un niño, visitamos Matanzas, Santa Clara, Cienfuegos, Holguín. Pero la verdad es que comió todo lo que le pusieron en el plato, sobre todo malanga. Si acabábamos tarde y luego había cena, él se dormía sin hacer ruido hasta el día siguiente. Fue el bebé menos latoso que hayáis conocido. Regresó a Varadero, donde había sido concebido, y se hartó de correr por la playa en pelota picada.

Muchos de los alojamientos que hemos conocido fuera de La Habana estaban cerca de las ciudades, eran bungalós, no muy cuidados entonces pero en un entorno agradable, con su piscina y su bar con camarero y su alacrán en la ducha. Solían recomendarte un cóctel de ostiones y si dudabas más de la cuenta decían que era muy bueno «pa esto», señalándose sus partes.

Decidimos no volver a cantar en Cuba el día que al salir del Hotel Riviera un taxista nos exigió el pago en dólares. No teníamos. Cuando llegabas te daban pesos para tus gastos y esa era toda la pasta de la que disponías.

Años más tarde, mientras preparaba con Milanés la producción de *Querido Pablo* (1985), en su casa descubrí las maravillas de la comida cubana, su rotunda y exquisita simplicidad.

Cuando preparábamos el rodaje de *Tirano Banderas,* viajé en varias ocasiones a La Habana y a Trinidad. Era el llamado «periodo especial». Desenganchados definitivamente de los rusos, no había nada, y cuando digo nada es nada, únicamente en las tiendas donde pagabas en dólares.

El por ahora último viaje a Cuba fue en el año 2009 para cantar en la plaza de la Revolución junto a otros compañeros en un Festival por la Paz que impulsaron Juanes y Miguel Bosé. De la mano de Mauricio Vicent, periodista y escritor, descubrí los «paladares». Ese es el nombre que reciben en Cuba los pequeños restaurantes o negocios particulares regidos por los que llaman allí cuentapropistas. Tienen grandes limitaciones por parte del gobierno, que controla las mercaderías que venden, el número de asientos o a quién contratan. Básicamente ofrecen comida cubana o italiana y me contaba Mauricio que habían mejorado mucho y que algunos ofrecen fusión o cocina mediterránea, como La Guarida, Doña Eutimia, La Corte del Príncipe Miramar o El Cocinero Vedado. Nadie como los cubanos para agrandar el mínimo espacio que una gobernanza estúpida quiere pautarles. A un cubano puedes dejarle caer en cualquier lugar. Sobrevive. Encuentra su sitio.

República Dominicana y un hombre armado solo con canciones

*Quisqueyanos valientes, alcemos
nuestro canto con viva emoción
y del mundo a la faz ostentemos
nuestro invicto glorioso pendón.*

Nunca escuché cantar a nadie ese arranque del himno dominicano. Los himnos huelen a alcanfor, a habitación tapiada. De esas caderas desbordadas, de esos hombres y mujeres tan arrechos, de esos braguetas alegres, rebosando alegría, no pueden salir esas palabras con herrumbre.

Fuimos por vez primera a la República Dominicana en noviembre de 1974 para participar en Siete Días con el Pueblo, un encuentro con cantantes y músicos de Latinoamérica organizado por el sindicato CGT. Vivimos días calientes, la gente en la calle y los conciertos masivos, hasta que todos los participantes fuimos expulsados del país por orden gubernamental, menos los dominicanos.

Todos nos alojábamos en casas particulares. Nosotros, en la de Ángela Tavárez. Emma, su hermana, y Marcos, su compañero, junto a Orlando Martínez, nos paseaban. Un día nos llevaron a almorzar a Boca Chica a un restaurante de pescado muy popular. Me gusta mucho el pescado frito, sin sal si es posible, y aquel lugar era el paraíso. Comenzamos con un asopado de camarones y seguimos con ceviche de lambí (callo de caracola) y chillo frito con tostones. Para quedarse a vivir.

En visitas posteriores probé la yuca al mojo de ajo, las canoas de plátano maduro o los besitos de merengue, que te rompían la cintura. Pero disfruté también de una larga lista de manjares: frito verde, arroz con habichuelas, concón, pasteles en hoja de yuca —que son como los tamales pero envueltos en hoja de plátano, no de maíz (humitas se llaman en Ecuador)—. No se acababa aquí la lista: sancocho de pescado o de siete carnes, el más laborioso y sin duda el más lujoso; o casabe, el plato más tradicional, que se adentra en la memoria de los nativos. El casabe se hace pelando, lavando, rallando, secando y calentando la yuca, que era la base de la dieta taína y todavía parte fundamental de su cocina. Y no podían faltar en el menú las arepas saladas, los pasteles en hoja de yuca, el asopado de pollo, el locrio de chicharrón de cerdo (arroz con alguna verdura, pero básicamente con torreznos de cerdo) o de lacón y frijoles negros, el pan de yuca, el chicharrón, los rellenos de queso, el flan de calabaza (auyama)…

Emma y Orlando ya no están, a ella se la llevó un cáncer furioso hace algunos años y él fue balaceado a un lado de la Universidad de Santo Domingo pocos meses después de Siete Días con el Pueblo. Una muerte anunciada, no por eso menos dolorosa. Orlando, periodista, que nunca dio nada por perdido y prefirió arriesgarlo todo a conformarse. Ella, de los Tavárez. Buscad en internet para poder dimensionarlos. Mario Vargas Llosa retrató aquel tiempo y aquella brutalidad en *La fiesta del chivo*. Las tres hermanas Mirabal, Patria, Minerva y María Teresa, fueron asesinadas a golpes un 25 de noviembre de 1961 bajo el régimen de Trujillo y en 1999 la Asamblea General de Naciones Unidas declaró esa fecha el Día Internacional por la Eliminación de la Violencia Contra la Mujer. Minou, hija de Manolo Tavárez y de Minerva Mirabal, candidata presidencial, fue a verme al Teatro Nacional cuando presenté *Vivir para cantarlo* y me regaló un libro precioso, *Mañana te escribiré otra vez,* recién editado, con las cartas que se habían escrito sus padres en condiciones extremas, algunas desde la cárcel La Victoria, donde estaban los dos bajo la dictadura de Trujillo, él en el pabellón de hombres y ella en el de mujeres. «¿Y el pequeño David?», me preguntó. «David», grité. Mi hijo estaba en el camerino de al lado y apareció hecho un hombre. Minou le había conocido en La Habana cuando él tenía dos años; ella era una niña y fue a vernos a un concierto con su abuela materna, que la había sacado de República Dominicana junto a su hermano, temiendo lo peor, ya que los dos eran sobrevivientes de una familia masacrada. A *Dedé* Mirabal, la hermana que vivió para contarlo y que falleció en 2014, cuando dirigía el museo en honor de sus hermanas en Salcedo, algunos escolares que visitaban el recinto le preguntaban con brutalidad adolescente que por qué a ella no la habían matado...

Todo eso y más lo relata en un libro delicioso y durísimo: *Vivas en su jardín.*

A un año de la muerte de Orlando, regresé a Santo Domingo para cantar unas canciones, entre otras la que le dediqué: *Al compañero Orlando Martínez,* y para recordarlo en el cine Élite en La Rampa. Emotivo es poco. Vivía en casa de Emma y Marcos —Marquitos, su hijo, era poco más que un bebé— y pasé noches inquietantes porque mi dormitorio, que estaba vigilado exteriormente por un hombre armado, me recordaba la fragilidad de un hombre armado solo con canciones.

Hemos regresado muchas veces a República Dominicana. En una de las últimas comidas, de nuevo en Boca Chica, en el restaurante Boca Marina, almorzamos una colirubia esplendorosa, frita, con tres cortes en los lomos y que previamente había sido aliñada con adobo para pescado y algo de sal más limones agrios en cuña colocados minutos antes. Estábamos al borde del mar, en un lugar privilegiado, iluminados por lámparas hechas con conchas blancas que tamizaban una luz interior. Embobados, mirábamos esa fuente de luz. Yo me quedé colgado de esas lámparas y contacté con quienes las fabricaban. Pacté con ellos el precio y me las hicieron llegar a Madrid. Como ocurre tantas veces cuando algo de lo que te enamoras está fuera de lugar, sigue pareciéndote bellísimo pero no sabes qué hacer con ello cuando lo ves en tu casa.

Bolivia, breve e intensa estancia

Yo vivo y canto a mi patria,
porque la llevo en mi ser.
ojo, amarillo y verde
es el tono de mi voz.

ROJO, AMARILLO Y VERDE

Solo he cantado una vez en La Paz, con Ana, pero nunca lo olvidaré porque al hacer el primer saludo de la noche dije textualmente que estábamos muy contentos de cantar por vez primera en Quito, entre la rechifla de los asistentes. La Paz está muy alta y El Alto, que es donde está el aeropuerto, más arriba. Llegamos después de un viaje muy largo y a Ana nada más descender del avión le vino una palidez cadavérica. Se sentó y al cabo de un rato, tras una infusión de hoja de coca, se fue recuperando.

Teníamos un día libre y caminamos por cuestas muy empinadas en las que a cada rato tenías que parar para tomar aire. Llegamos al Mercado Rodríguez, de una pureza y un desorden absolutos. Ahí llegan las caseritas con sus productos recién recolectados y mientras mastican coca, venden frutas y verduras. Hay numerosos puestos de comidas, donde se pueden adquirir anticuchos, rostro asado (cabeza de cordero), locro, sándwich de pata de cerdo, riñoncitos a la parrilla... La quinoa, tan de moda ahora en Europa, era considerada allí desde hace tiempo y despreciativamente alimento de indios. A los paceños les privan las llauchas para desayunar, que son unas empanadillas fritas rellenas de queso blando. El mercado funciona las veinticuatro horas y los trescientos sesenta y cinco días del año y se va transformando durante el día; si en la mañana es mercado de todo y además de flores, de noche aumentan los lugares para comer algo o tomarse un té, un café o un sándwich de chola, exquisito (pan tierno, pierna de cerdo, si quieres con tomate y si no sin él, con ají y cebolla encurtida).

El Mercado Lanza es el mejor lugar para hacer una incursión rápida en la gastronomía popular boliviana. Puedes degustar un «pique a lo macho», que contiene carne troceada, patatas fritas, huevo cocido y pimiento verde en rodajas.

Lo más deslumbrante, aparte de los atuendos de las caseritas, es la variedad de patatas, que parece infinita. Los de Capinota dicen que la mejor es la suya, y es cierto que el aspecto es extraordinario: roja, grande, apretada y muy pesada. Pero en el Mercado Rodríguez encuentras variedades que compiten con ella, si no en tamaño, sí en sabor, como la ajanhuiri, la abajeña o la bola runa.

El mismo cerdo entero que me impresionó en Cuenca (Ecuador) lo hacen aquí, pero aún de mayor tamaño y lo llaman chancho a la cruz, abierto en canal y a fuego muy lento ocho o diez horas, como cuando se hace cordero a la estaca. El chancho a la cruz es muy de celebración colectiva.

Aquí los tamales que se toman en tantos lugares de América se llaman humintas y son dulces. Dentro de la hoja de maíz se mete maíz dulce rallado, a veces queso fresco, canela, pasas, azúcar… Tampoco es para quedarse. En una estancia tan breve lo primero que hago, antes que ver la televisión, es sintonizar la radio y cambiar todo el tiempo mientras camino. Tuve la sensación, en 2016, de que acababa de llegar el heavy metal ayer mismo, tal era la persistencia sonora. La Paz fue un tránsito muy breve, de camino hacia Chile. Ana siempre se siente afectada por la altura y antes de cantar el servicio médico le enchufó una bombona de oxígeno.

5

Europa y otros viajes

Reconoces Europa o sus partes porque ya estaban ahí mucho antes de que tú nacieras. Ya estaban el Partenón en Atenas y la Puerta de Brandeburgo en Berlín; la judería en Toledo y en Roma el Coliseo; el Arco del Triunfo en París y el Big Ben en Londres… Existe una Europa próspera y otra renqueante y en las dos te reconoces.

Seguramente la mejor cocina europea es la de la Francia burguesa, la de la clase media. Tiene lugares de peregrinación gourmet, pero cuando te pierdes por carreteras secundarias, pueblos que no has oído nombrar, no suele haber sorpresas desagradables, te ofrecen lo que saben hacer, lo que han cocinado toda su vida.

Italia también tiene una sólida gastronomía pero mucho más desequilibrada entre el norte y el sur y con un punto informal que le hace exclamar a un amigo mío: «¡Que no, que no, que es cocina infantil!». La cocina burguesa del norte —Piamonte, Véneto, Emilia-Romaña— es de una solidez comparable a las mejores de Europa.

Italia, exquisiteces culinarias

En mis primeros viajes a Italia en 1978 para grabar en Milán descubrí los *risottos* y el arroz a la milanesa, amarillo de azafrán. También aprendí el punto de la pasta. Almorzaba a menudo en un restaurante que estaba entre GRS, el estudio de grabación, y el centro de la ciudad, cerca de la catedral, que era donde me alojaba. Allí cocinaban unos espaguetis que llamaban Veruska, con nata, parmesano y sucedáneo de caviar, que nunca se me han caído de la carta porque son infalibles, a los niños también les encanta. De uno de aquellos viajes me traje una Pastamatic para hacer pasta fresca en casa. Era una máquina que amasaba y con diferentes filtros sacabas la pasta que necesitabas, espaguetis, *fetuccini,* lasaña… Dio mucho juego durante varias temporadas.

Teníamos amigos que cocinaban muy bien, como Miguel Narros, director de teatro, y su pareja, Andrea D'Odorico, escenógrafo de Udine —les escribí *¿Quién puso más?* para el final de su larguísima relación (1982)—, y de ellos aprendimos muchas cosas básicas: el punto de la pasta o del *risotto,* las salsas de nata, de ragú. Miguel era muy exuberante cocinando, muy imaginativo, y Andrea solía traer de sus visitas a la casa familiar *zampone,* que es una bomba calórica, exquisita. Se trata de la piel de la pata de un cerdo en la que se embute lo más noble del animal. Lo venden precocido y hay que calentarlo antes de servirlo con un buen puré de patata —últimamente utilizo patata morada, que liga sensacionalmente con un poco de nata y mantequilla— o de castañas, y con cualquiera de ellos, si es con ralladura de trufa, mejor. El *zampone* se encuentra en tiendas especializadas en productos italianos y no está de más tener uno a mano siempre en casa, pues te arregla una cena exquisita para seis en veinte minutos. Y si es en invierno, todavía mejor.

Hemos vivido tanto con Narros y D'Odorico… Andrea era un ser muy especial, con aspecto de príncipe austrohúngaro destronado. Torcía la nariz por todo. Era de un gusto exquisito y siempre argumentaba bien; cuando discutías con él y le preguntabas finalmente: «Pero ¿a ti qué coño te gusta?», acababa la conversación con un: «Es que lo que a mí me gusta no existe…».

He pasado un montón de meses de mi vida en la ciudad de Bolonia, capital de la Emilia-Romaña. Mi primer viaje fue en 1986. Lucio Dalla quería grabar en español, algo que nunca había hecho. Probamos con cuatro canciones, yo adapté dos y Aute otras dos. El estudio de Lucio estaba en la Via dei Coltelli y allí echamos varias horas en varias tardes. Tenía una pronunciación pedregosa, pero seguía siendo él. Desconfiaba y me preguntaba todo el tiempo si eso se entendía. Y la verdad es que se entendía, pero finalmente nunca se animó a editar esas canciones. Entre ellas estaban *Anna e Marco* y *Si io fossi un angelo.* Más adelante, con su gira y disco *Dalla/Morandi* (con él y Gianni Morandi), se animó de nuevo y adapté varios temas al español que grabaron y editaron. Fui al primer concierto de su gira en Milán. Por cierto, por culpa de Lucio acudí una vez a los toros; él estaba visitando Madrid, se empeñó en ver una corrida y le acompañé junto a Joaquín Sabina.

Uno de los músicos que trabajaba con Lucio, Roberto Costa, es un productor excelente y un gran músico, y hasta su muerte estuvo a su lado. Nos conocimos a través de Lucio y poco después decidí trabajar con él en *¿Qué te puedo dar?; La madre* era una de las canciones del disco. Luego continuamos trabajando juntos con *Rosa de amor y fuego* para Ana. Al final trabajó en seis discos, unos de Ana y otros míos, que nos llevaron de la mano hasta el año 2001. También Roberto escribió el primer arreglo de *Contamíname* y *Yo también nací en el 53* para el disco en vivo *Mucho más que dos* (1994).

Total, que entre unas cosas y otras habré vivido en Bolonia más de un año de mi vida. Siempre hemos grabado en los estudios de Lucio e incluso maquetamos *El hijo del ferroviario* en otro pequeño estudio que él tenía. Lucio aparecía de vez en cuando y recuerdo que mientras estábamos grabando *El hijo del ferroviario,* se sentó en el estudio y escuchó varias canciones. Por toda respuesta me miró y me dijo: «*Sei libero…*». Más adelante grabó varias canciones con Ana, entre otras *Caruso.* El tema fue arreglado por Geoff Westley.

En la mesa era muy desordenado, pedía muchos platos, aunque luego comía como un pajarillo, picoteaba de lo suyo y de los demás. Realmente de la comida lo que le gustaba era la compañía, hablaba mucho, también picoteando, y podía pasar del Bolonia FC al último disco de no sé quién o enfangarse en discusiones políticas. Bolonia la roja… ¿Qué opinión tendría él de este postrero pacto entre 5 Stelle y los restos de lo que fue su partido político?

Bolonia es una ciudad bellísima, con un casco antiguo que no se acaba nunca. Solía alojarme en el Hotel Baglioni, en Via Independenza, muy cerca de Piazza Grande, en pleno centro, y como lo que menos me gusta en el mundo es estar encerrado en un estudio, callejeaba cuando no era necesaria mi asistencia. Todos los días pasaba por el mercado, de una exuberancia y riqueza únicas. Se podía encontrar desde el más humilde *radicchio* a trufa blanca de Alba o recipientes llenos de anguilas vivas entrelazándose entre sí. No faltaba mortadela, *zampone, cotechino* o jamón curado de Parma, que suele tener un sabor suave y ninguna infiltración de grasa, rico, comparable al de Teruel, que ha mejorado mucho en estos años. Siempre traía en la bolsa de mano de vuelta a casa *gorgonzola* dulce y curado, el queso máximo, y la cabina del avión se embriagaba con aquel perfume; no me olvido tampoco del parmesano ni del *pecorino.* Tras hacer el recorrido, terminaba cada mañana en la Salumeria Simoni. Allí me daban ganas de entrar de rodillas, todo me apetecía: preparaban bocadillos en pan recién hecho de mortadela, jamón, *bresaola* con rúcula, salami, de *prosciutto di Parma* con queso *squacquerone* (que es el mismo que se utiliza en la *piadina* clásica), de salami rosa, queso *pecorino* y tomates secos… Es la hora de almorzar y me estoy mareando al escribir esta página.

El restaurante Diana estaba a pocos metros del hotel y cenaba allí algunas noches, con sus grandes cristaleras a Via Independenza y su sala espectacular con techos muy altos, demasiado iluminado. Es un clásico de Bolonia, no sé cómo estará ahora, hace treinta años ya era viejuno y algunos camareros con toda seguridad lo habrían inaugurado y seguían malhumorados. Pero el producto era excelente y muy boloñés; por supuesto había *tortellini* en caldo (solo hay que cocer la pasta en un caldo excelso y añadirle en el plato parmesano al gusto), *lasagna* verde, *tagliatelle* al ragú, *gramigna, garganelli, cappelletti…* Me gustaba sobre todo el carrito de los hervidos, ahí escogías carnes diversas sin ningún aditamento y puedo imaginar que el caldo de los *tortellini* sería el caldo de cocer esas carnes. En el carrito también había carrilleras, morcillo, rabo y lengua de ternera, gallina y *cotechino,* que es un embutido en tripa con las partes no tan nobles del cerdo. Se podía añadir a esos hervidos una salsa verde que ponían en la mesa hecha con un poco de ajo, aceite, alcaparras, un trozo de pan del día anterior desmigado, yema de huevo, salsa de perejil y alguna anchoa no demasiado salada si es posible. Yo disfrutaba las carnes hervidas tal cual, pero ellos también proponían una salsa roja, que lleva tomate, perejil, albahaca, vinagre, cebolla, zanahoria, ajo, salvia, aceite, un poco de azúcar y pimiento rojo picante.

En Bolonia empecé a comprender que había otra clase de ricos; las boloñesas de edades diversas andaban entonces en bici por toda la ciudad como si tal cosa con pieles de animales como abrigo, que aparentaban ser carísimas.

Bajando unas escaleras, en un sótano, estaba el restaurante Da Nello, en la calle Montegrappa esquina Via Independenza. Ahí descubrí los hongos: los *boletus edulis,* de un tamaño que llenaban todo el plato, a la plancha, con un chorro de aceite nada más; y la *amanita caesarea* en *carpaccio.* La cocina era rotunda, también muy boloñesa. En las paredes había fotos de Dario Fo, Eric Clapton, Elvis Costello o Roberto Benigni. La carta era rica en opciones: la mortadela cortada en cubos, el jamón transparente, la ensalada de alcachofas crudas al parmesano o también fritas, la polenta con *funghi porcini, risottos* de todos los colores, la flor de calabaza frita y, en temporada, trufa rallada en varios platos. El vino *sangiovese,* de la casa. En algún lugar de la ciudad se comería como aquí, pero no mejor.

El producto máximo de Emilia-Romaña es la *piadina,* un pan plano —una tortilla, dirían en México— hecho con harina de grano que puede comerse sola o plegarse y meter dentro cualquier alimento. Una delicia. Para mi gusto, la más exquisita es una *piadina* rellena de queso blando y rúcula. Las encuentras en todas las cafeterías, incluso en puestos ambulantes, y las preparan al momento. Pero las obras maestras están en La Tua Piadina.

Bolonia puede caminarse, al menos en la ciudad vieja, a través de soportales; no sé cuántos kilómetros hay. Es una ciudad abarcable, culta, refinada y maravillosa para vivir.

Ana y yo, tras casarnos en Gibraltar un 13 de junio de 1972, regresamos a Tánger y un par de días después emprendimos el camino a Venecia en un jeep al que le costaba andar, era muy pesado. Nos seguía un coche con dos *paparazzi*. Fuimos directos a Tarbes (Francia), donde descansamos, y a la mañana siguiente partimos hacia Salon-de-Provence, donde vivían familiares míos, concretamente Chona, una hermana de mi madre, con marido e hijos. Hasta allí llegaron también nuestros perseguidores, pero tuvieron que regresar apresuradamente porque disponían del dinero justo para la gasolina, que les permitía alcanzar la frontera española. Esto me lo contaron años después. Disfrutamos Venecia y el norte de Italia y regresamos en un barco de Génova a Barcelona, donde yo cantaba al día siguiente.

Cuando nos invitaron en septiembre de 1987 al Festival de Venecia con *Divinas palabras,* la película que habíamos producido y que dirigió José Luis García Sánchez, en esa ciudad increíble hacía un tiempo espléndido. Asunción Balaguer, dulcemente, nos pidió en el aeropuerto de Madrid que cuidáramos de Paco Rabal, su hombre.

Viajamos en diferentes fases. García Sánchez, Paco Rabal, Ana Belén e Imanol Arias, por una parte. Yo como productor y la barra de apoyo —Gabilondo y Lola Carretero, Miguel Ríos y Margaret Watty— por otro. Fernando Méndez Leite era en ese momento director general de Cinematografía. Paco Rabal había trabajado mucho en Italia y era muy querido. Nada más llegar el sindicato de actores le pagó unas liras pendientes de sus películas y visionados en las televisiones. En metálico. Paco pasó los días de Venecia con puñados de liras que le rebosaban los bolsillos. Los plantaba en medio de la mesa para invitar a sus amigos; le entró una especie de euforia porque sabía que tenía dinero pendiente, pero no tanto. Al mediodía Bellinis, un cóctel ligero que lleva dentro espumoso o *prosecco* italiano y jugo de melocotón, muy frío. Al atardecer y a la noche, bebidas más duras.

Paco, que era prodigioso de reflejos y capaz de involucrar a todo el que tenía a su alrededor en su peripecia, nos paseaba por el Lido y por Venecia. Una tarde, sentados en una terraza, unas personas que venían de España, valencianos concretamente, le reconocieron y con la naturalidad con la que Paco se dejaba abordar le abordaron. «Mira, el rey de las camas…». Le habían confundido con Fernando Rey, que en ese tiempo hacía un anuncio en televisión de colchones o camas, no recuerdo. «Sí, señores, me llaman el rey de las camas porque soy el que mejor folla». Y le celebraba toda la expedición, hombres y mujeres indistintamente.

En el festival estaba su amigo Timothy Hutton, con el que había rodado en Hollywood, y se tenían buen recuerdo, gran afecto y odios compartidos hacia compañeros comunes de rodaje. A Paco solo le escuché hablar mal de una persona, del director italiano Nanni Moretti. «Es un hijo de puta», resumía. Fuimos todos a cenar a Corte Sconta, una *trattoria* acogedora, y la expedición española más Timothy nos acomodamos en un pequeño jardín interior. Ahí cenamos entremeses marinos, espaguetis negros con frutos de mar, raviolis de alcachofa con salsa marinera, buen pescado y mariscos excelentes. Cuando nos presentó a Timothy, comenzó por el productor, «que es cantante», y siguió por la actriz, «que también es cantante», después continuó con el director, «cuya mujer es cantante», y a estas alturas Hutton paró en seco y preguntó: «Pero ¿aquí todo el mundo canta?». Paco se giró y vio a una pareja de japoneses y les señaló: «Incluso ellos cantan también, ¿por qué no nos cantan algo en japonés?»; así de exuberante era él. Y la pareja con sus vocecitas entonó una canción tradicional o infantil, no sé muy bien. Entonces García Sánchez, el director, entonó perfectamente en japonés junto a ellos; no en vano, su padre había sido agregado cultural de la embajada japonesa en España y él había asistido a muchas celebraciones patrias de Japón.

Regresé con Ana muchos años después. Nada más entrar en la habitación del hotel, encendimos la televisión y buscamos la española internacional. Tira tanto… Estaban televisando una corrida de toros para el mundo mundial a las cinco de la tarde, en horario infantil. Era 13 de junio, nuestro aniversario, y volvimos a Corte Sconta. En medio de la cena Ana tuvo un corte de digestión, se puso súbitamente blanca y regresamos apresuradamente al hotel. Hace unos años paseábamos por Buenos Aires antes de cantar y recibí un sms de Imanol Arias. Él estaba con su chica, Irene, en Venecia y no recordaba cómo se llamaba la *trattoria* maravillosa: Corte Sconta.

Venecia, 1984

Delicatesen francesas

Tenemos unos amigos, Christine y Lucien, él ya jubilado, que viven en Fourcès, departamento de Gers, en la región Mediodía-Pirineos. Es un pueblo medieval bellísimo que cada año tiene menos habitantes y que está catalogado dentro de Les Plus Beaux Villages de France. Fourcès es un territorio gascón del siglo XIII con tres afluentes del Garona alrededor. Viticultores y granjeros son los que conforman —o conformaban— su envejecida población.

Lucien vivió varios años en Madrid como agregado cultural en la embajada de Francia y conocerlo y tratarlo durante todos estos años es uno de esos regalos que te hace la vida. Lucien habla un español perfecto, no en vano hizo su carrera universitaria en Salamanca en los años cincuenta. Cuando se jubiló se fueron a vivir a las afueras de Fourcès en una casa que rehabilitaron. Hace unos años fuimos a visitarlos por primera vez junto a otros amigos. Nos alojamos en un hotel-torre medieval a la entrada del pueblo y nos dedicamos los días siguientes a comer y a viajar por esos campos impolutos que solo parecen existir en la campiña francesa. No hay ni un solo plástico. Solo paisajes armoniosos, sin sobresaltos de edificios inconvenientes o caprichosos.

Una de las veces que fuimos a verlos coincidió con la Feria de las Flores de Fourcès y fue una experiencia única de explosión primaveral. El poblado es indescriptible, pero si entráis en internet podéis verlo: es una fortificación medieval redonda, para defenderse de posibles atacantes. Sus restaurantes, aparentemente humildes, contienen dentro toda la sabiduría y el buen hacer gastronómico de ese país.

Buscamos y compramos trufa negra en el mercado semanal de Sarlat. Subimos hasta Périgueux, donde cada fin de semana se celebra el mercado de la grasa, de orientativo nombre. Allí pequeños agricultores y distribuidores venden *foies,* patos, ocas y embutidos de todo tipo. Una explosión de grasas.

Paseamos por Condom, Mirande, Auch... y fuimos cargando el coche de variadas grasas que rematamos en el mismo Fourcès, en la granja de la antigua alcaldesa, donde compramos conservas que ella misma envasaba *(foie, rillettes, fritons)* y un armañac, un brandy espectacular de su propia cosecha. Hemos regresado allá varias veces, siempre con amigos muy queridos.

En Auch habíamos estado antes de conocer a Lucien y a Christine en un viaje con Rosa León y José Luis García Sánchez y fue todo puro placer. Recorrimos el territorio de D'Artagnan en distintas excursiones con los niños y conocimos lugares inolvidables. Durante ese viaje hubo mucha cocina sin sobresaltos, tradicional, previsible y excelente. Pero en la Brasserie La France, en Auch, frente a la catedral, todo fue bien hasta que pedimos los postres. Víctor García León, el hijo de Rosa y José Luis, tiró por la calle de en medio, nadie le dijo en qué consistía y pidió bien alto: «Ciruelas al armañac». Ninguno de los presentes trató de disuadirle.

Y ahí estaba Víctor ante el plato, que además traía nata. Se metió, reafirmándose en su elección, las dos primeras ciruelas y se le hizo una bola. Se le movían las órbitas de los ojos. «¿Qué hago con esto?». Comprendió que no había salida y dejó las ciruelas en la servilleta. Una bosta.

Antes de regresar a casa pasamos por La Rochelle, comimos y cargamos ostras hasta Madrid después de pasear entre las dunas.

Durante la última visita, ya hace siete años, nos alojamos en casas rurales y en un hotel excelente y realizamos otra ruta. Ana había presentado su concierto *A los hombres que amé* en el Auditori de Granollers y a la mañana siguiente recogimos a Yuta y a Serrat en Barcelona. Almorzamos en Carcassonne, en un lugar olvidable, y seguimos camino hacia Agen. Cerca, Lucien había reservado un hotel rural muy cómodo. Hacía un frío del demonio y amanecía el campo cada día con su tapiz blanco. El último día, tras almorzar, nos arreglamos con uno de los truficultores y repartimos el botín en la bandeja de atrás del coche después de regalarle a Lucien una buena pieza. Salimos zumbando para la estación de Toulouse, teníamos el tiempo muy ajustado para que Yuta y Juan cogieran el tren que los llevaría a Barcelona. De camino, Juanito le daba órdenes telefónicas a Candela, su hija, para que pasase a comprar un bocadillo de jamón en Quilez, en el colmado, y le esperase para ir juntos a ver el Barça-Real Madrid. Nosotros seguimos hacia San Sebastián, donde íbamos a dormir. Ana se quedó en la habitación del hotel y yo me fui a un bar cercano para ver el partido entre gente hostil que animaba al Barça y rencor manifiesto hacia el Madrid. Yo parecía un náufrago. Ganó el Madrid sobrado y, como soy imbécil, me permití sentir melancolía por el amigo que tan ilusionado y apresurado se volvió a Barcelona para ver ganar a su equipo. Eso sí, perdió con setecientos cincuenta gramos de trufa encima.

En esa otra ruta que hicimos en el último viaje, el destino era L'Albenque, que ya conocíamos; se sube de Toulouse hacia Agen y luego hay que desviarse a la izquierda para llegar. En ese pueblo, que es una calle larga con casas a los lados, se celebra un mercado muy especial, el de las trufas. De noviembre a marzo los lunes (me consta que cuando hay algún festivo o se acerca la Navidad se celebra otros días, la Asociación de Truficultores se encarga de anunciarlos) llegan truficultores de toda la comarca con su cosecha semanal colocada en cestitas de mimbre y se sitúan a lo largo de la acera. Las trufas las ponen sobre un paño que también sirve para taparlas encima de unos bancos corridos. Frente a ellos se acumula un montón de gente, unos para comprar y otros para mirar. Se puede pedir que las destapen para ver lo que hay dentro y preguntar cuánto pesan, pero hay una particularidad: el interesado tiene que llevarse lo que hay en la cesta o ponerse de acuerdo con alguien y comprar a medias o a tercios. El mercado comienza a las dos y media, así que a las doce y media ya estábamos enfrente, en el Lion D'Or, almorzando *cassoulet* y una enorme tortilla francesa poco cuajada rellena de trufa. Si introducís en YouTube la palabra «Lalbenque», encontraréis vídeos del Marché aux Truffes.

Para encontrar trufas en España solemos recalar en temporada por Abejar (Soria). En el Hotel La Barrosa hacen una semana de la trufa. Los dueños, Marta, Miguel Ángel y familia, son muy activos y muy cariñosos. Cocinan muy rico y tienen un entorno extraordinario, por ejemplo la Laguna Negra está cerca. También organizan la semana de los hongos. Visitamos hace años una plantación trufera municipal ahí mismo y decidimos viajar a Teruel a comprar encinas microrrizadas. A punto estuvimos de quedar atrapados en la nieve, pero regresamos a Madrid con ciento ochenta ejemplares que se plantaron en la provincia de Guadalajara de aquella manera, con la ortodoxa acidez de la tierra pero sin riego, así que ahí están, con su raquitismo. Quizá mis hijos, si preparan un perro que las encuentre, se coman alguna trufa.

Y, por cierto, una anécdota con Abejar de fondo. En la primavera de 2019 recibí un correo firmado por Javier Laseca, concejal de un pueblo mínimo cercano a Soria: Fuentelsaz de Soria. Este es un pueblo de esa España vacía, con cuatro casas abiertas en invierno y con tan solo once vecinos. En el correo que me dirigía me decía: «Tenemos amigos comunes en Abejar y tratamos de vivificar el pueblo. En verano vuelven los antiguos pobladores, o sus hijos, o sus nietos. Hemos hecho un par de conciertos en años anteriores y queríamos invitarte…». Estas cosas me llegan y, si puedo, digo al instante que sí. Luego le fuimos dando forma: un concierto acústico de *Vivir para cantarlo* incorporando las últimas canciones. Acudió un gentío en una noche preciosa. Temo a Soria en verano, nunca he pasado más frío cantando que allí, pero esa noche no. Allí estuvimos plantados en medio de la plaza del pueblo: David con su piano de cola, Ovidio con sus guitarras y yo con lo mío. Nos forraron a torreznos.

Mi vida en Londres

También he pasado muchos meses de mi vida en Londres. No hablo inglés a mi pesar, me hacía entender, pero seguro que me he perdido muchas cosas por no hablarlo. En 1982 Aurelio González, de CBS, me propuso dejar Italia y producir mis trabajos en Londres. Le gustaba mucho Geoff Westley, productor y arreglista, entre otros, de Lucio Battisti. A mí estas cosas nunca me han dado miedo, solo vértigo, y prefiero probar a quedarme como estoy, rumiando caminos posibles. Geoff es un arreglador y productor extraordinario, ordenado aparentemente y caótico puntualmente como nadie puede imaginarse a un ciudadano del Reino Unido. Bueno, los personajes de *Wilt* de Tom Sharpe existen, como existe el Brexit.

Yo había escrito varias canciones como *Bailarina, Por el camino de Mieres, No serás nunca el flautista de Hamelín, Mujer, Desde el Pirulí se ve un país...* También incluía la primera grabación con gran arreglo de *Asturias.* Cuando se puso en marcha la orquesta en los Wembley Studios para hacer sonar *Por el camino de Mieres* se me puso un nudo en la garganta que no me abandonó en las horas siguientes.

El trabajo con Geoff era parsimonioso, se distraía mucho. Tenía un globo permanentemente en el transportín de su Range Rover para aprovechar la menor oportunidad. Una tarde me convenció para viajar cerca de Londres y despegar. No sé si estaba muy convencido, pero horas después me hallaba montado en la cesta y volando. Tengo que decir que esas horas en el aire fueron maravillosas, no muy lejos del suelo, en plena campiña, saludando a la gente que salía de sus casas para animarnos. Cuando metía gas para subir, la verdad es que te abrasaba el cuero cabelludo. Finalmente aterrizamos en un lugar pactado con quien iba a recogernos, pero a mí aún me esperaban más sorpresas. Geoff bajó el globo a un prado y no me advirtió de que no intentase bajar al primer intento de tocar tierra; yo estaba tan deseoso de aterrizar que al verme en el suelo, me tiré de la cesta, pero después de ese primer toque siguió en vuelo rasante hasta el aterrizaje definitivo. Yo me quedé enganchado por una pierna en la caída y me arrastró unos metros más hasta soltarme. Así quedé, magullado. Era joven entonces.

Geoff disfrutaba con la comida y si al mediodía comía sándwich de pepino o similares, a la noche procuraba cenar generalmente en algún italiano. A veces, al salir del estudio, íbamos a jugar al tenis y luego, en el mismo lugar, tomábamos un zumo y alguna proteína triste.

En 1985 decidimos instalarnos en Londres los meses de verano. Yo estaba acabando la producción de *Querido Pablo*, con Pablo Milanés, y comenzando *Para la ternura siempre hay tiempo* para nosotros. David tenía nueve años y Marina dos. Alquilamos una casa en Holland Street, deliciosa, con muchas inclinaciones. En los pisos de arriba, cualquier artefacto con ruedas se deslizaba al otro extremo. Además tenía un piano de cola. David ya tocaba mucho, estaba muy adelantado y disfrutó mucho ese verano y con ese piano. Estábamos al lado de Hyde Park y, aunque llovía a menudo, como bien sabéis, disfrutamos.

Ana y yo vivíamos entre el estudio y la casa. Ella viajó a Madrid para rodar algunos planos con Fernando Trueba de *Sé infiel y no mires con quién* y yo aproveché para escribirle *Nada sabe tan dulce como su boca*. En esos días también nos llegó en un casete la última canción para aquel disco, *La Puerta de Alcalá*.

La comida era sota, caballo y rey, con dos niños y Josefina al mando. Josefina trabaja en casa desde 1975 y desde entonces me pregunta cada día: «¿Qué comemos?». La pregunta que más estresa a cualquier ama de casa como yo.

En los siguientes trabajos con Geoff yo pasaba largas temporadas en Londres y descubrí nuevas maneras de comer que comenzaban a dar forma a una nueva restauración: mesas corridas, cocinas a la vista, fusión, manteles de papel o sin mantel, informalidad, comandas directas de mesa a cocina. Agradables novedades que te liberaban. Bueno, más moderno todo. Lo que luego ha llegado y se ha hecho común. Iba a menudo al primer Wagamama —ahora creo que hay muchos—, que estaba en Soho, bien de precio, original, mezcla de cocina asiática y japonesa, arroces ricos, ensaladas, *teriyakis, tepanyaki, ramen,* curris…

Tienen buenos pescados, mariscos, carne excelente, *pudding* de carne, empanadillas con diversos rellenos, *fish and chips* que pueden hacerse bien o mal, pero me daba la impresión de que no les gustaba comer y que siempre tendían al aburrimiento… Pero todas las cocinas del mundo están ahí con su mejor representación.

Marruecos, perdidos entre recuerdos, dunas y sabores

Tenemos —teníamos, se separaron (ya dedicaré un apartado a los separados)— unos amigos en Casablanca, Yayo y Paco Albert. Ella era asturiana de Luanco y él tenía un padre español con raíces en Jávea, pero nació en Casablanca. Un Fin de Año extraordinario nos acogieron. Paco era asturiano por contacto y se comportaba como los mejores: generoso anfitrión, con muy buena mano para la cocina y para llenar todos los arcones de la vivienda con alimentos. Las mujeres que trabajaban en la casa dominaban la tradición culinaria marroquí, siempre las podías encontrar en la cocina preparando pastela, *harira,* tajines, cuscús… Aquella área olía a comino, jengibre, sésamo, anís, menta, cilantro… Paco, entretanto, se dedicaba a tener los congeladores a tope y a excentricidades, por ejemplo a conseguir angulas extraordinarias que le traían de Larache o también quisquillas del Mercado Central de Casablanca, o cangrejo real… Todo eso existe también en Marruecos, solo hay que tener interés en buscarlo. Así que los almuerzos-cenas en su casa eran memorables.

En 1999 nos propusieron un viaje por el Medio Atlas en tres todoterrenos: uno de la familia Albert con sus chicos, Fran y Jorge; otro de los Serrat con Candela, y nosotros con Marina. Salimos de Casablanca hacia Fez y tras pasar por Ifrane (está de moda en invierno con sus pistas de esquí), a mil setecientos metros de altura, atravesamos bosques de cedros hasta llegar a Midelt. Durante todo el camino la nieve llegaba hasta la carretera y tuvimos algún derrapaje, nada grave; luego continuamos hacia Errachidia. Bajamos al valle del Ziz, con sus casbas entre palmeras, y llegamos ya tarde a Erfoud y Rissani. En un pequeño hotel en medio de la nada, cerca de las dunas de Merzouga, con un frío memorable, cenamos y dormimos la noche del cinco al seis de enero y nos fuimos a ver amanecer a esas dunas. Paco se quedó al pie de ellas y el resto fuimos a ver cómo se levantaba un sol esplendoroso. Cuando regresamos, Paco había preparado ese día de Reyes un regalo para cada uno de nosotros y un desayuno inolvidable: un revuelto de huevos con *khlii*, carne seca parecida a nuestra cecina, más cafés, tés y algo de dulce… ¿Quién da más? De ahí nos dirigimos a las Gargantas del Todra y a la maravillosa ciudad amurallada de Uarzazat.

Hicimos excursiones a lugares impensables e imposibles de encontrar por alguien que no conociese la zona para comprar fósiles, como amonites o trilobites, que estaban en las habitaciones de las casas, en el suelo o envueltos en papel de periódico. Salimos al campo a recoger fósiles nosotros, no tan hermosos como los que habíamos comprado. Fuimos a visitar las ruinas romanas de Volubilis, bellísimas, increíble que todavía hubiera espacios con mosaicos romanos sin vigilancia alguna.

Más tarde fuimos al mercado. En un puesto había una pirámide de aceitunas aliñadas, levantada con paciencia milenaria; nos quedamos contemplándola y el vendedor nos ofreció una para que probásemos que Ana aceptó, y más tarde se arrepintió cuando dedujo que de todo lo que había comido la intoxicación que tuvo solo podía venir de esa aceituna. Paco compró chuletas de cordero y en una pradera verde, con Mulay Idris, ciudad santa, al fondo, encendió la barbacoa y las asó. Un chico muy joven cruzó por delante sentado en un burro y nos miraba mientras saboreaba la humareda de la barbacoa, teniendo muy presente que estaban de Ramadán y aún le faltaban varias horas para su primera comida del día.

En Marrakech ya habíamos estado, pero nunca te cansas de visitar el mercado o de callejear por la medina y su laberinto de palacios, callejas, mercados, mezquitas, cúpulas, minaretes. La vez anterior habíamos ido con Juan Pedro Hernández, maquillador, pintor y guía imprescindible en el mercado: regatea más que cualquier marroquí —y menos que Paco Albert, que lo hace con más naturalidad— hasta ponerte nervioso cuando te apetece comprar algo y él no llega a cerrar nunca la transacción. Cenamos en la plaza de Jemaa el-Fna, en unos puestos donde sirven comidas, después de ver cuentacuentos, malabaristas, músicos, encantadores de serpientes y tener la posibilidad de comprar una dentadura postiza de segunda mano. La comida era sencilla, una *harira* y unos pinchos de cordero, pero qué vértigo te asalta cuando ves que lavan los platos en un balde por debajo de donde te están sirviendo.

En otra ocasión cenamos de lujo en el restaurante Dar Yacout: pastela de paloma, deliciosa; tajín de verduras y cordero; y la traca final con pastelería marroquí y té a la menta. Durante toda la noche tocaron dos músicos una *ghaita,* una especie de oboe, y una percusión. Lo que sonaba era música tradicional *gnawa,* muy repetitiva, tanto que cuentan que a veces un mismo tema puede durar horas y hacer entrar en trance a los músicos. Es muy cansina y, sobre todo, es que no te deja concentrarte en lo que estás comiendo ni en la conversación ni en nada.

Visitamos Fez y caminando por la medina vimos venir una avalancha de gente coronada por un cadáver cubierto con una sábana y orando atropelladamente. Yo tenía la cámara enchufada y la levanté para filmar, pero de un manotazo Paco la bajó. «No se puede», me dijo. Y la dejé colgando sin apagarla. Ahí está el sonido de aquella aparición impresionante. Almorzamos en Dar Hatim, otro buen restaurante, unos *mezze,* cuscús de verduras y tajín de cordero con cebolla caramelizada. Tras estos viajes y gracias a los consejos y las recetas de Yayo, el tajín y el cuscús en nuestra casa son aceptables.

Algo que me llamó la atención es que la circulación en Marruecos es extremadamente peligrosa, los conductores hacen lo que se les pasa por la cabeza, se pueda o no. Son indescifrables.

6

Menús que no se olvidan

Como suelo apuntarlo todo, incluso antes de que a mi madre le diagnosticasen alzhéimer, tengo una libreta en la cocina donde anoto cuándo, qué han comido y qué han bebido amigos queridos. Pensé hacerlo para no reiterarme, pues tengo repertorio limitado. Pero con el paso de los años pienso que ha sido importante. Por un lado, guardo recetas que no encuentro en ningún lado, que son mías, y por otro no me repito, o me repito si quiero cuando sé que a mis amigos les gusta lo que han comido.

Me invade la melancolía cuando abro estos cuadernos y veo qué cosas he cocinado y para quién. Hay de todo. Muertos —nunca borro los teléfonos ni las direcciones de los desaparecidos—; separaciones traumáticas, algunas amistosas; gente con la que has compartido momentos intensos y que por azares ya hace tiempo que no ves. La vida.

Mi cuaderno de recetas

Dime qué come y te diré qué amigo es

Miguel Ríos me come muy bien; se ve que, igual que yo, ha sido un niño pobre y que por eso agradece los alimentos. Le he visto emplatarse en bufés viandas que con toda seguridad no se acabaría, o sí. Le gustan, como a mí, las papadas de cerdo, las carrilleras, las manitas de cordero o de cerdo con setas, los arroces melosos y de campo con conejo, pollo, al-cachofas, *garrafons,* caracoles... Disfruta comiendo cuando está solo y menos cuando tiene marcaje al lado.

A Joan Manuel le gusta casi todo y el vino bueno. Es muy exigente y se mosquea si un plato se retrasa... y ya no te digo si a él le sirven el último. Es un niño pequeño en la mesa, que cuando tiene hambre se incomoda y es muy capaz de incomodar. Como viaja tanto, a menudo asegura su comida en restaurantes japoneses que controla y donde sabe que no tendrá sorpresas. De su mano descubrimos en Barcelona, cerca de la catedral, el Shunka y el Koy Shunka. Yuta y él nos llevaron por primera vez a El Bulli. Hace kilómetros para comer algo que le apetece.

Joaquín Sabina es melindroso, de comida corta. Él es más de hablar mucho, reír y celebrar como si no hubiera mañana. Jimena Coronado le afinó el paladar y se deja guiar por ella. Disfrutaba más cuando podía fumar en la mesa en locales cerrados. Lo de ahora le parece una putada. Cierto es que si saliese a echar un pitillo le caerían cincuenta *selfies* de regalo. Así que no sale de casa, pero en ella se come muy bien.

Juan Diego no puede soportar las aceitunas ni su visión en la mesa y durante años se alimentó de tapas de jamón y alguna fritura de pescado. Carne, nunca. Ahora, con María y un perro, que nunca había tenido, se ha humanizado y aparenta comer de todo, aunque sigo pensando que no come de nada.

A Pablo Milanés si le sacas de la comida cubana trastabilla, pero disfruta con las verduras, alcachofas, berenjenas, ropa vieja, frijoles negros, arroz congrí, yuca con mojo, pierna de cerdo, frituras de malanga... En Madrid le puedes encontrar en un templo de la verdura: La Manduca de Azagra, que además sirve lechón asado. Los almuerzos en su casa o en la de su hija Liam son muy parecidos: pierna asada, arroz congrí, yuca, malanga... Pablo entra en la cocina con autoridad y alguno de los platos viene de su mano o al menos lo pone en marcha y da las instrucciones pertinentes.

Javier Gurruchaga siempre es especial. Come mal. Niño malcriado. Hijo de cocinera, de San Sebastián..., pues ni así. Es remilgoso, nada parece gustarle aparte de la chistorra, de la que es devoto. Cuando celebramos el cincuenta aniversario del Festival de Cine de San Sebastián y Ana bajó una escalera interminable para cantar el *¡Ay, Ba!* de *La corte de Faraón,* Isabel Oliart organizaba todo y nos reservó en Arzak, en la mesa de la cocina, el trono supremo, una cena espléndida que disfrutamos todos, menos Gurru: «Me gustaría comer una tortilla francesa...». «Claro que sí...», le contestó Elena Arzak.

Iñaki Gabilondo y Lola Carretero también comen muy bien, y en su casa, extraordinariamente. Da igual que sea un marmitako, un ajoblanco o un bacalao al ajo arriero. Él, de Donostia y ella, sevillana.

Apuntes gastronómicos para mis amigos (juntos o separados)

A estas alturas sé quiénes de mis amigos tienen intolerancias a la lactosa, a quién no le gusta la cebolla o los pimientos, quién no soporta el bacalao… Cocino sencillo, pero algunas veces elaboro algo más complicado como la patata rellena de caviar o la perdiz en salmís deshuesada envuelta en hoja de col. Este último plato se lo hice a Cecilia Roth y al padre de Martín, su hijo, Fito Páez, y también a Imanol Arias y a Pastora Vega. Cada uno por su lado en el presente y afortunadamente felices. Esas perdices también las probaron otro día Mari Pau Domínguez y Paco Lobatón cuando las compartían…

Siempre es un desgarro ver a los amigos comunes separarse. Nada es igual. La balanza de pesar las cosas se decanta sin que uno se proponga ni pensarlo. Todos lo intentamos y quiero creer que nadie lo consigue. Yo al menos.

El Fin de Año de 2002 preparé una crema de langosta para mis queridos Rafael Escuredo, Ana María Ruiz-Tagle, Juan Diego, Clara Sanchis, José Luis García Sánchez, Rosa León y María Dolores Pradera. Ese día solemos recoger a alguna amistad descolgada, en esa fecha fue Clara Heyman. Después de la crema tomaron cardos con tuétano y trufa y un tajín de cordero con hinojo. La Pradera, una mujer maravillosa, lo tenía todo: inteligencia, belleza y humor para regalar.

Una crema de tirabeques y de segundo verdinas con toro para Miguel Ríos, Regina, Nacho Lewin y Virginia, Margaret Watty y Loles León. Seguro que también estaba invitado Millán Salcedo y al decirle que venía Loles decidió no acudir. Así están siempre, como el perro y el gato; se enfadan como niños chicos, pero según pasan los años se endurecen y el último enfado tarda más en olvidárseles. Sin embargo, hace unos días me dijo Millán, tras un contratiempo de salud, que había comenzado para él un tiempo nuevo y que no merecía la pena enfadarse con nadie por tonterías. A ver si es verdad, porque nos hacen sufrir a todos los que tienen a su alrededor. Para nada, ganas de perder el tiempo.

A Tina Sainz le debo una fabada todos los inviernos. A veces cumplo, pero cuando tiene mucho trabajo también a ella se le olvida.

Ensalada templada con alcachofas, espárragos, hoja de roble, berros, hinojo, habas tiernas, ajetes y encima unas mollejitas de cordero a la plancha para Mercedes Milá y José Sámano..., otros amigos que cada uno por su lado. ¡Buf!

Ensalada de *radicchio,* hoja de roble, berros, hinojo, acederas y *foie* sellado para Amaya Uranga, Pedro Olea, los gemelos de Bilbao —ya desaparecidos, de notable recuerdo y muy queridos; una Semana Santa empapelaron Bilbao con unos carteles que anunciaban la actuación de los Niños Cantores de Viena, Adeste y Fideles, en el kiosco de El Arenal, donde reina la Banda de Música Municipal—, Diego Galán —también desaparecido— y otros más que ya no podrán contar si les gustó la cena. De segundo serví ragú de venado.

Arriesgando mucho, presenté una ensalada con vísceras, botones, mollejas y manitas de cordero y verde para Fernando Trueba y Cristina Huete, Luis Alegre y más amigos. Después ofrecí chipirones encebollados. Ya habíamos terminado de cenar y seguíamos bebiendo cuando Luis Alegre, que tenía y tiene la agenda más completa de España —sé lo que digo—, recibió una llamada y le oímos decir: «Vente, vente para acá». A los veinte minutos apareció Pep Guardiola, que se encontraba en un hotel por Barajas con la Selección Española. Habían regresado de jugar un partido y estaban de paso. Hay documento gráfico mínimo, hecho con la cámara de Petete.

Con Daniel Semper, Serrat y otros amigos en Maó

Ahora que lo pienso, hay pocos documentos gráficos de estos encuentros; entonces yo me preguntaba por qué y para qué, pero la verdad es que ni siquiera me lo planteo ahora que hay buenos móviles.

Sigo repasando mi cuaderno de recetas…

Una crema de hinojo para José Carlos Plaza, Charo, Mariano y más amigos.

Verdinas con chipirones para Yuta, Serrat, Daniel Samper, Pilar Tafur, José Luis García Sánchez y Rosa León. Y de primero pastela que Yayo nos había traído de Casablanca.

Lentejas con *foie* para Teddy Bautista, Rosa Falcón —su compañera entonces—, Hernaldo Zúñiga y Lorenza Azcárraga. Lorenza y Hernaldo siguen juntos. Siempre que recuerdo a la guapísima Lorenza no me quito de la cabeza una historia real que me contó. En un encuentro con amigos hablaron de la maratón de Nueva York. Lorenza, que no tenía ninguna experiencia, dijo que iba a probar y alguien le comentó: «No te atreverás». Y ella respondió: «Qué te juegas». «Mil dólares si la acabas». Y Lorenza remató la conversación: «Ahí voy, si no la completo te los debo». En sucesivos encuentros, con amigos diferentes, engordaron la apuesta hasta llegar a los dieciocho mil. Lorenza nunca dejó de madrugar para completar circuitos en el bosque de Chapultepec. Y llegó el día. Hernaldo y Lorenza arrancaron juntos con un beso y él se fue. Lorenza, a su ritmo, completó la maratón, llegó a meta una hora más tarde que Hernaldo y ahí volvieron a besarse, todo por dieciocho mil dólares de nada. *Chapeau*, Lorenza.

Verdinas con langostinos para Rafa Sánchez y Pepe Puig, y también para Cayetano y Pilar Carral, que no pueden separarse porque son hermanos.

Rollo de bonito para Joaquín Oristrell, Carmen Balagué, Manuel Díaz Pereira y Beatriz, María Barranco, Imanol Uribe y Eduard Fernández.

Una cola de rape a la parrilla con ajada para Juan Echanove y Juan Diego.

Y un recuerdo maravilloso a partir de una de estas citas culinarias. Cenando una noche en casa allá por 1987, Joaquín Sabina pidió una guitarra y yo encendí la grabadora; cantó *A la sombra de un león* y al terminar le dijo a Ana: «Para ti». La había escrito a medias con Josep Maria Bardagí.

Fuera de mis cuadernos de recetas hay otras comidas que me vienen a la mente con personas que no quiero olvidar. Tan solo voy a contar unas cuantas, las demás me las quedo en la memoria.

Los políticos que no dejaban de cantar

En octubre de 2012 cantamos en Quito con el espectáculo *Tal para cual,* en el Teatro Nacional. Al día siguiente, en el Palacio Carondelet, sede de la Presidencia, en el Salón Amarillo, el presidente Correa nos condecoraba con la Orden Oficial del Mérito en Grado de Oficial por nuestra aportación a la música de habla hispana.

Tras una cena tumultuosa con muchos comensales, compuesta de caldo de pata de res, ají de carne y pastel de yuca, pasamos a un salón más pequeño donde habían comenzado a tocar unos músicos canciones reconocibles.

Comenzaron *Solo pienso en ti* y en el corro le pasaron el inalámbrico al vicepresidente de entonces, Lenín Moreno, que se arrancó y entonó muy bien. Todos aplaudimos. Siguieron con *Quiero abrazarte tanto* y el presidente Correa la cantó desde la primera línea hasta el final sin tener la letra a la vista. Continuaron con *Derroche* y luego *Lía*. Todos los ministros del Gobierno presentes entonaban bien y disfrutaban cantando. Ana y yo, boquiabiertos, nos retiramos cuando acabó la velada sin que nos dieran la oportunidad de cantar ni una sola nota.

Matilde Urrutia, el mar frente a su ventana

En 1983 nos invitaron a cantar en el Festival de Viña del Mar. Pongo en contexto. El régimen pinochetista pretendía hacer cosas para mejorar su imagen. Tenían un ministro, una especie de Fraga Iribarne por su brutalidad atropellada, llamado Onofre Jarpa que pretendía barnizar aquello. Nos convocaron como habrían podido convocar a otro cualquiera.

Habíamos abandonado recientemente el Partido Comunista de España dando un portazo. Firmamos un escrito publicado en el diario *El País* titulado «Nos vamos porque seguimos en el mismo sitio». Eso les interesaba mucho, así que al pie de la escalerilla del avión nos esperaban muchos periodistas (sí, en aquellos tiempos la prensa podía, con un permiso, llegar al pie del avión para recibir a alguien). Llegábamos de Lima, donde habíamos hecho escala viajando desde Cuba. Nuestra gente se afanó en retirar todas las etiquetas en las que ponía CU. Y la primera pregunta fue: «¿Ustedes han abandonado el Partido Comunista de España…?». «Sí, pero seguimos siendo comunistas». Corte seco y decepcionante para algunos periodistas, que desistieron tras aquella primera respuesta. Era su única pregunta. El representante que nos llevaba a Chile, Ernesto Clavería, se mesó los cabellos.

Nos sentimos vigilados, escrutados, durante toda la estancia en Viña. Almorzábamos con Carlitos Necochea y Ricardo García; Necochea era comunicador y programador en televisión —¿alguien podía saber más de su país?— y Ricardo García, popularísimo, fue fundamental en el desarrollo de las libertades en Chile y contribuyó a expandir, por convicción, lo que ocurría en el Cono Sur. Ambos inmediatamente identificaban a los policías que estaban vigilando nuestro entorno, sentados en el restaurante a cierta distancia, en el coche que nos seguía a todas partes... No disimulaban.

En el festival competía Capri, cantante chilena, pionera del Canto Nuevo. Había obtenido un quinto puesto en el Festival de la OTI celebrado en España en 1977 con *Oda a mi guitarra*, de Nano Acevedo, con gran repercusión en Chile. Años después supimos que había dejado la canción y residía en Suecia. Uno de los días nos preguntó: «¿Les apetecería almorzar en Isla Negra con Matilde Urrutia?». «Por supuesto». Y allá nos fuimos seguidos por un coche que con toda seguridad contenía dos policías al menos.

Era febrero, verano en Chile, el cielo estaba muy azul y había una luz preciosa. Isla Negra no es una isla. La casa donde vivieron primero Pablo y luego los dos parece que fue en su origen una pequeña cabaña a la que añadieron poco a poco estancias. Neruda la compró en 1938 y fue ampliándola según su voluntad y su amor al mar. Era una casa repleta de rincones, techos bajos y suelos que crujían bajo los pasos. Todo simulaba el interior de un barco: puertas y pasillos estrechos, irregulares. Alrededor, la casa estaba cerrada con maderas grafiteadas por gente que había pasado por allí. Recuerdo uno: «No hay mal que cien años dure», y al lado una locomotora que él hizo traer, como amante que era de los trenes.

El poeta legó Isla Negra al Partido Comunista Chileno y cuando la dictadura se impuso, la expropiaron. Matilde, cuando nosotros la visitamos, fungía, por concesión del gobierno, como administradora y cuidadora de esa casa. Los milicos miraban para otro lado, pues la dimensión de Neruda los sobrepasaba.

Matilde murió en 1985, pero un año después publicó de manera póstuma un libro imprescindible, *Mi vida junto a Pablo Neruda*. Ahí explica en detalle cómo fueron los últimos días de Pablo, enfermo terminal de cáncer. Cómo fue su entierro. Cómo allanaron sus casas en Santiago y Valparaíso (La Chascona y La Sebastiana) elementos incontrolados afines a la dictadura y cómo, alojada en el Hotel Carreras de Santiago de Chile, ante el temor de que la asaltaran en su habitación, ya que en su maleta estaba un documento fundamental —*Confieso que he vivido*—, atrancó la puerta con varias sillas. Días más tarde consiguió traer el manuscrito a España y publicarlo.

Cuando regresaron por última vez de Europa, el poeta, ya enfermo terminal, había enviado, como siempre por barco, un contenedor con multitud de objetos a los que aún creía que podría encontrar un lugar para tenerlos ante su vista: cuadros, cerámicas, mascarones, alfombras, antigüedades. Antes de que el barco llegara a Valparaíso se produjo el golpe de Estado, la muerte de su amigo Salvador Allende y su propia muerte. El contenedor fue allanado y todo lo que había dentro subastado, regalado, malvendido. Algunos objetos de los que viajaban en ese contenedor aparecieron expuestos en una librería-galería en Madrid años después. Una denuncia hizo que toda aquella rapiña desapareciese de un día para otro.

Matilde nos recibió en Isla Negra ¡tan guapa! y nos hizo el paseo al borde del mar, luego nos mostró el abigarrado interior de la casa: mascarones de proa, mapas, barcos dentro de botellas, caracolas gigantes, dientes de cachalote, zapatos antiguos, pipas, espadas, botellas de extrañas formas, insectos varios, mariposas… Desde la cama del poeta estabas dentro del mar a través de un enorme ventanal. Varias ampliaciones hicieron que la casa fuera lo que hoy es, incluida la covacha que era su escritorio y al que le puso un techo de zinc para escuchar la lluvia porque le recordaba a la casa de su infancia en el sur. En las vigas estaban grabados nombres de amigos y poetas muertos y, para rematar, el poeta había escrito: «El océano Pacífico se salía del mapa. No había dónde ponerlo. Era tan grande, desordenado y azul que no cabía en ninguna parte. Por eso lo dejaron frente a mi ventana».

Matilde, Capri, Ana y yo almorzamos caldillo de congrio, pastel de choclo y pejerrey con papas al horno.

Matilde murió dos años más tarde, en enero de 1985. En sus «Disposiciones» en el *Canto General* el poeta dejó escrito: «Compañeros, enterradme en Isla Negra/ frente al mar que conozco, a cada área rugosa de piedras/ y de olas que mis ojos perdidos no volverán a ver». Matilde y Pablo fueron enterrados, ya juntos de nuevo tantos años después, en Isla Negra en diciembre de 1992 con todos los honores... y así se cumplió su voluntad.

Pablo Milanés, rehaciendo su vida

Mi amigo Pablo Milanés se ha venido a vivir a España. Siempre ha tenido un problema de salud que se encadenaba con otro, lo que se llama una mala salud de hierro. Él siempre ha andado a caballo entre La Habana y el mundo o entre La Habana y Galicia. Allí, Pablo y Nancy, su mujer gallega, tuvieron a los mellizos, Rosa y Pablo, que ahora cumplen once años. Pero, ahora sí, unos problemas de salud irresolubles para la sanidad cubana los han traído acá, a esta tierra. Desarraigo o muerte, esa era la elección. Y aquí están. Rehaciendo todo: casa, biblioteca, colegios de niños, retomando amigos… Llevan pocos meses y son como dos recién casados que tratan de resolver a diario lo que los demás resolvemos en años. Los niños se han integrado perfectamente aunque a Pablo, más sensible, más dramático según sus padres, le parece que aquí pasan muchas más cosas. Él las ve en la televisión o se las cuentan y todas estas historias le alteran, porque eso en Cuba no pasaba…

Nos juntamos unos cuantos amigos en casa para reírnos, hablar de todo, comer y beber. Les preparé unas alcachofas hervidas en un caldo rotundo de pollo, morcillo y huesos, aderezado con comino y *ras el hanut,* una especia utilizada en todos los países del Magreb. Unas alcachofas parecidas a las que comí en Baeza en Casa Juanito —sin *ras el hanut*— y que deduje que llevaban esos ingredientes. Les planté al lado un trozo de papada, que era una nube blanda; estuvo cocinada al vacío, adobada, doce horas a sesenta grados y luego al horno tres horas más con su adobo y vino blanco. También les cociné un arroz *carnaroli* con callos de bacalao, meloso, muy suave. Al que no le guste el bacalao que no se asuste, el que deteste lo gelatinoso sí. Los amigos invitados se lo comieron todo: Pablito Milanés y Nancy, Rosa León y García Sánchez, Miguel Ríos, Ana y yo.

Quedamos para la siguiente enseguida; bueno, Pablo entre almuerzo y almuerzo tiene tratamientos varios y cuando le dejan libre, come y bebe. Para la próxima, menú cubano cocinado por la tía de Nancy.

7

Alrededor de la mesa

Hace un montón de años que vivimos solos Ana y yo. Marina si está en Madrid viene siempre a comer. Verduras y sopas en invierno. Un día del fin de semana nos juntamos todos: David y Paloma con Olivia y León, Marina, nosotros y sus tías María Eugenia y María. Cocidos, fabadas, pollos, arroces caldosos o secos, carne al horno, a veces japo que encargo… Procuro contentar a todos, aunque cada cual tenga sus preferencias. Si por Marina fuera comería todos los días una ración de patatas fritas, y casi todos los días lo hace. Celebramos los cumpleaños de todos y las fiestas puntuales.

Peculiaridades culinarias de Ana

Ana solo tomaría desayunos. Es la comida que más disfruta del día: papaya y alguna otra fruta de temporada, tostadas con mantequilla y mermeladas que hago yo, casi siempre de grosella, mora roja o zarzamora, y café con leche. También se apunta a un buen cruasán, en Madrid prefiere los de Pomme Sucre. Lo que come el resto del día le importa menos: excepcionalmente carne, mucha verdura, sopas, pescado, casquería de vez en cuando. A menos que haya cena fuera o en casa, ella por la noche solo toma un yogur y algo de dulce, un mantecado, algo de chocolate y ya.

Peculiaridades culinarias de mis hijos

David San José siempre ha comido bien. Desde muy pequeño se acababa todo lo que le ponías en el plato, no extrañaba sabores ni texturas. Tenía un ligero estrabismo y se pasó largo tiempo yendo a la consulta del doctor Gómez de Liaño (él y Rosario, su mujer, fueron dos ángeles para David) para hacer ejercicios. Al acabar la primera consulta le comentamos en broma al doctor si debería comer muchas zanahorias, pero nos dijo que no, que lo mejor era un buen solomillo. Así que David se pasó varios años de su vida desayunando un solomillo antes de irse al cole. De familia venía lo de la casquería, así que nunca faltaron en su dieta sesos, criadillas, mollejas de cordero, pero también fabadas, cocidos y sopas rotundas.

Probaba todo desde pequeñín, pero le recuerdo desolado en un restaurante en París. Tras pasar el verano del 85 en Londres, él y yo regresamos a Madrid por carretera. El coche estaba hasta arriba. En el asiento delantero, al lado del con-

Con David

ductor, había una escultura de barro cocido de un escultor húngaro de la que me enamoré en una galería. Pregunté el precio y la cantidad era irrisoria, la chica que me atendió debió de advertir mi perplejidad porque a continuación me explicó que estaba rota, que al cocerla había quedado así. Le dije que por eso me gustaba. Nos acomodamos en París y salimos a cenar, comenzaba a oscurecer. Al lado del restaurante estaba teniendo lugar una pequeña manifestación pro Jomeini antes de su regreso a Irán. Pedimos unas ostras de un tamaño descomunal y cuando David se metió aquella enormidad en la boca le resultó imposible administrarla, así que le resbalaron dos lagrimones por la cara hasta que la devolvió al plato.

Por el contrario, Marina San José siempre fue una pésima comedora. Las y los profes de su colegio la recuerdan como una auténtica pesadilla que se eternizaba en el comedor y escondía la comida en los bolsillos o directamente se iba al baño a echar la bola que se había formado en su boca. Tampoco es que comiese en casa, solo algunas cosas y como un pajarito. Se especializó desde pequeña en el filete con patatas. Cuando se fue a vivir sola comenzó a cocinar algunos platos de pasta, *risottos,* algunos asados, algo de pescado... Después de representar varias obras de teatro y trabajar en algunas series de televisión, nos dijo que haría un casting para ver si se colaba en *MasterChef Celebrity.* Habló con buenos cocineros y le dejaron meterse en sus cocinas y también fue al Mercado de Chamartín a deshuesar pollos y corderos, limpiar pescado, etcétera. La vimos en los pocos programas que duró dentro desde México, donde estábamos girando con *El gusto es nuestro* veinte años después. Hizo buenos amigos, siempre hace buenos amigos en cada trabajo, y sabe bas-

Marina

tante más que yo de técnica y de cocina. Vamos, que le ha perdido el respeto a meterse entre pucheros y sartenes. También me corrige cosas cuando ve que estoy cocinando. Es muy sibarita, viaja para comer. Disfruta.

Peculiaridades culinarias
de mis nietos

Mi nieto León, el año pasado que tenía cinco años, llegó un día a casa y me dijo: «Yayo, ¿te digo una cosa?». Entonces me agarró de la mano y me llevó a una habitación aparte de los demás. Allí continuó con lo que tenía que contarme: «Es que hay una cosa en *Allá arriba, al Norte* que no está bien». Todo lo que él me decía podéis leerlo con ele, no pronunciaba la erre todavía. «Tú dices: "Allá arriba, al Norte/entre el monte y el mar/encontré un paraíso natural…" y no puede ser *un* paraíso porque paraíso solo hay uno, así que tienes que decir *el* paraíso…». «Vale, así lo haré, León».

Al concierto siguiente, en Rivas, vino a verme y estuve muy pendiente para cantarlo como él quería. Estaba convencido de haberlo hecho bien. Yo viajaba a la mañana siguiente y me llamó por teléfono: «Yayo, ayer te vi». «Sí, ya sé que me viste. Y lo hice bien, ¿no?». «No, una de las veces te equivocaste».

A León le han regalado una pulsera china que no solo le da la hora, también mide los pasos que da, las pulsaciones… Está como loco y para subir su récord da vueltas alrededor de la mesa del comedor. Un día me dijo: «Yayo, tengo sesenta y seis pulsaciones, ¿estoy nervioso o tranquilo?».

León come mucha fruta; Olivia, nada. Los dos probaban todo desde pequeños y en la medida que crecen se hacen más selectivos y deciden que una cosa no les gusta. Hace unos días León decidió que ya no le gustaba el pollo asado y se puso burro. Sus padres se enfadaron y él, llorando, se fue a un rincón lejos. Me acerqué a él y le dije bajito:

—Pero ¿cómo dices que no te gusta el pollo?

—Porque no me gusta.

—Pero si lo comes siempre, ¿cómo lo haces?

—Aguantándome —me contestó.

8

La ruta de los mercados

Me gustan los mercados. Si tengo tiempo es lo primero que visito en cualquier ciudad. Hay gente que entra en las iglesias sistemáticamente; yo, en los mercados. Cuando viajo por España en coche, siempre llevo un cajón térmico por lo que pueda encontrar. Si compro fresco, lo voy rellenando con bolsas de hielo.

Parada 1: Valencia

De todos los que conozco, el más completo y más puro es el Mercado Central de Valencia, una construcción modernista bellísima. No busquéis dentro ropa, objetos turísticos u otras mandangas. Pescado, marisco, verduras, carne, fruta, salazones, encurtidos… Limpísimo, sin olores que no correspondan al trajín de lo que se está comerciando. Exuberantes frutas y verduras de temporada. Gran variedad en salazones: mojama de almadraba, de solomillo; ijada de atún, que ellos llaman *sorra;* bacalao; bonito seco; atún de tronco; hueva de atún, de maruca, de mújol; capellanes

Mercado Central de Valencia

(que son bacaladillas); fanecas —en Menorca *mòllera*— sumergidas en sal y secadas al sol para enriquecer ensaladas; tripas de bacalao; sardinas salonas o de bota; anchoas; aceitunas; gildas…

Todos los pescados están ahí: atunes, anguilas vivas, sardinas, merluzas, salmonetes, lenguados, rapes, pelayas, pulpos, meros, *cabuts* o cabezudos (que es un pescado de roca también llamado rubio, de carne firme, que se puede freír o cocinar), pintarrojas, brecas, sepias, gallinetas o cabracho o *tiñosu* en Asturias, caballas, melvas, chernes, rayas, doradas, brótolas, lechas, gallo de San Pedro, escorpas... Mariscos como la galera, puro mediterráneo, de carne un poco blanda pero muy sabrosa. Este crustáceo no en vano se alimenta de langostinos, mejillones o gambas y es extraordinario para elaborar fondos para arroces de pescados junto a periquitos y cangrejos. También en el Mercado Central se encuentran ostras muy buenas de cultivo local, gamba roja de Vinaroz (la más cara también), langostinos, mejillones, cigalas…

Alrededor del mercado hay pequeños locales y terrazas para tomarse una caña y establecimientos donde venden todo lo necesario para hacer paellas y arroces, incluso los utensilios de cocina. Dentro está el Central Bar, del cocinero Ricard Camarena. Nada como acodarse en un taburete en esa barra y tomar a media mañana unas ostras y al mediodía algo más elaborado como, por ejemplo, unas alcachofas a la plancha con salsa romesco, boquerones marinados, coca de bacalao con pimientos, bravas, croquetas, buñuelos de bacalao, bocadillos súper, ensaladilla rusa, sepia con alioli o cigalitas con ajos tiernos. Ya siempre que paso por Valencia es visita obligada.

Parada 2: Barcelona

La Boquería, en Las Ramblas, es un mercado extraordinario al que ya desde hace años da pereza entrar porque se ha masificado tanto que importan más los puestos de frutas cortadas o zumos que las paradas donde puedes encontrar en temporada trufa o papa amarilla colombiana, aparte de los mejores embutidos, bacalaos salados y desalados, verduras y frutas exquisitas. Ya hay muchas barras donde comer, pero siempre que entro acabo en el Pinotxo, que está al lado de la entrada por Las Ramblas, y tras esperar pacientemente me echo unas sepias mínimas encebolladas, unos garbanzos con butifarra negra, *cap i pota* (callos), *mongetes del ganxet* con chipirones... Todo esto me he comido, pero no el mismo día.

Parada 3: Alicante

El Mercado Central de Alicante está en pleno centro. Es un edificio hermoso con rasgos modernistas que invita a entrar, y cuando estás en el hotel de enfrente solo tienes que cruzar la calle. El edificio fue bombardeado en 1938 por la aviación italiana, asentada en Mallorca, y bajo sus escombros murieron cientos de personas en medio de la Guerra Civil. Allí se encuentran salazones y pescados extraordinarios. Es un mercado muy abierto y muy alegre. Las verduras y frutas son tan llamativas que te comen ellas a ti. Se puede comer dentro desde hace años, pero la verdad es que es un poco descuidado en ese aspecto. No es problema, a doscientos metros puedes refugiarte en el Nou Manolín.

Parada 4: Santiago de Compostela

El Mercado de Abastos de Santiago de Compostela es una aparición, austero y bellísimo. Con la pureza que aún tienen en Galicia los productos que llegan del campo y del mar y los que los comercializan directamente, mujeres en casi todos los casos. Es un lugar muy visitado, lleno de vida. Más visitado que la otra catedral.

Hay de todo, pero no te impresiona una ternera rubia o unos grelos, sino que te llaman la atención una lamprea, un rodaballo, una lubina de tres kilos y pico, un congrio gigantesco, una anguila, besugos con el ojo saltón, meros, merluzas o sargos.

Y los quesos: el de tetilla, el más popular, que desfallece ante el Arzúa Ulloa o ante el ahumado de San Simón, más rotundos. O la Torta de Potes, el último descubrimiento.

En este mercado puedes comprar y descubrir el pan de Cea, que viene de Carballiño. También la hogaza, que es de Bergantiños, y la *boroa* —*boroña* en Asturias—, un pan ácido, maravilloso, que te provoca la sensación de fundirte con la tierra, con tus ancestros.

Dentro del mercado puedes tomar nobles raciones de pulpo, quesos, carne guisada, mariscos, pero también comer en la barra de Abastos 2.0, palabras mayores. Merece la pena. Ocupa lo que serían varios puestos del mercado. Enfrente hay un comedor con pocas mesas y ahí sirven un menú cerrado. Cambian todas las semanas; por ejemplo, en una de las últimas tomé mejillones en escabeche con zanahoria y hebras de puerro, sargo templado medio crudo con aceite y ajo a la bilbaína, abadejo cocido con pimientos de cristal y mayonesa de *wasabi*, ostra francesa engordada en batea gallega con cítricos y granada, berberechos hervidos con aceite de oliva virgen crudo, empanada de dos capas de *gyoza* frita y dentro caballa cocida y revuelto de pimiento y cebolla, merluza de pincho con cama de falso ajo blanco, zanahoria encurtida y verdura china de la que no sé su nombre a la plancha, manzana en tres texturas (compota, sorbete y encurtida) y caña de crema. Eso fue todo, pero puedes ponerte a trabajar después del banquete, pues cada plato es de una levedad que anima a esperar el siguiente. Hacen una cocina muy gallega y muy creativa, con materia prima extraordinaria. Solo tienen que elegir entre lo mucho y bueno de que disponen alrededor, por eso el restaurante carece de frigorífico. En la barra puedes tapear también gloriosamente.

Parada 5: Tudela

He visitado Tudela por diferentes razones estos últimos años y siempre he venido cargado de verduras y embotados. Además suelo coincidir con la temporada de la alcachofa y los espárragos. El mercado es pequeño, pero hay varios puestos de verdura. También hay otros lugares de la ciudad que festejan las verduras y en los menús de algunos restaurantes siempre están presentes en diferentes preparaciones. Por ejemplo, crema de calabaza, pochas de Tudela, cogollos del mismo sitio, arroz verde con verduras, espárragos blancos, hojaldre relleno de crema de puerro con gambas, corona de alcachofas con *foie,* menestra de verduras de primavera, patata duquesa a la importancia con borrajas y quinoa roja, pimientos de cristal, penca de acelga rellena de ibérico con salsa holandesa, pisto de verduras con huevo escalfado… Todo esto nos comimos entre varios y son platos de la carta del 33, un restaurante de esta localidad.

Parada 6: Ordizia

Una noche, hace algunos años, cuando estaba a punto de dormirme, le comenté a mi mujer que si me despertaba pronto me iba al mercado semanal de Ordizia para hacer la compra. Y efectivamente, a las cuatro y media de la madrugada ya estaba en camino. Está cuarenta kilómetros más cerca de Madrid que San Sebastián. Llegué pronto, aún estaban instalándose los puestos de venta, y comencé a brujulear por ellos. Me acerqué a una señora que vendía huevos, entre otras cosas, y le pedí dos docenas. Cuando me los estaba dando, me miró de nuevo y me dijo: «No —mientras volvía a guardarlos—, creía que te conocía». Supongo que le sonó mi cara, pero a continuación decidió que solo se los vendía

Mercado de Ordizia

a clientes que acudían todas las semanas. Ese mercado, los miércoles, marca los precios para el País Vasco. Existe desde el año 1522. Ahí llega la gente de los caseríos con verduras, quesos y frutas. Todo el género restalla proximidad y limpieza.

Las verduras lucen recién cortadas, humedecidas por el rocío. El mercado es al aire libre, aunque está techado sobre columnas muy altas que le prestan un aire imperial y está en el centro del pueblo. Hay puestos donde venden embotados de bonito, verduras, mermeladas, alubias de Tolosa o piparras de Ibarra. También se pueden encontrar chorizos, chistorra, setas en temporada, bacalao en salazón, habas secas negras, rojas y muchos quesos.

Alrededor de la plaza hay buen comercio, compré cestas en una cestería y un tambor para asar castañas dentro de la chimenea. Me topé con una buena pescadería al lado y también compré. Total, a las dos de la tarde estaba de vuelta en casa cargado de verduras, quesos, cuajadas, pescado…

Parada 7: los mercados de Asturias

Gijón tenía un mercado maravilloso llamado La Pescadería, que daba a la playa de San Lorenzo, cerca de la iglesia de San Pedro, y estaba detrás del ayuntamiento y su plaza Mayor. Cuando el oricio (erizo) estaba minusvalorado, en la acera de enfrente que da a la playa las furgonetas depositaban en la acera cargamentos que vendían por paladas a quien pasaba por allí. La Pescadería ya hace años quedó en desuso y decidieron utilizarlo para atender servicios municipales. Es un imponente edificio de los años treinta, arquitectónicamente también, y lo recuerdo vivo. Ahora las pescaderías están dispersas, algunas dentro del Mercado del Sur, que se ubica en pleno centro rodeado de horrorosas construcciones.

Si os gustan los oricios, que, como la trufa, están en temporada durante los duros meses de invierno, en una calle al lado de la plaza Mayor está Casa Zarracina, que es un bar mínimo que los gijoneses conocen bien; pedid una docena de oricios y una botella de sidra.

El Mercado de El Fontán está en pleno centro histórico de Oviedo y es muy completo. Está rodeado de comercios de alimentación, restaurantes y al lado de la plaza de El Fontán, donde el escritor Ramón Pérez de Ayala nos contó la peripecia vital de Tigre Juan. En una placita al lado, los sábados vienen de las aldeas —casi siempre mujeres— para vender productos recién cosechados. Tiene mucha vida este mercado, sobre todo en fin de semana, y ahora hablan de introducir puestos de comida para aportarle vida, pero los comerciantes no están por la labor.

El que ha quedado espectacular después de la restauración es el Mercado de Avilés. Está en el centro, pero escondido entre bellísimas casas con galerías acristaladas y maderas pintadas de blanco que son la espalda de los edificios. Tiene incluso un bar en el piso de arriba donde puedes comer y varios locales en los bajos de las casas. Es pequeño pero tiene de todo y sobre todo está Juanín, mi pescadero. Cuando regreso a casa, a primera hora de la mañana, me surte de lo mejor. A veces pido algo que me llama la atención y Juanín, en bajito, me dice: «No, eso hoy no». Me avisa también cuando baja la angula de la última oscurada.

Parada 8: Cádiz

Pocos mercados hay tan bellos como el de Cádiz. Los gaditanos lo llaman La Plaza. Se trata de un mercado construido en la huerta de un antiguo convento de los Descalzos, encalado hasta dolerte los ojos con el sol arriba. Está situado en el centro de la ciudad. Hay varios lugares de tapeo y a última hora de la mañana el mercado está muy animado. Ahí puedes comer un atún encebollado, cazón en amarillo, caballas con fideos, papas con bacalao, rabo de toro, pescaditos fritos. Es muy abierto y tienes de todo: frutas, verduras, panes, especias, quesos, carne, pescado… Los puestos de pescado y marisco son palabras mayores, por variedad, calidad y precio: doradas, urtas, róbalos, pargos, acedías, boquerones, sardinas, caballas, atún de almadraba... Por supuesto, también hay gambas, cigalas, cañaíllas, calamares y espectaculares langostinos de Sanlúcar de Barrameda.

En algunos puestos de salazones venden ijada de atún rojo, atún ahumado, caballa en aceite, huevas de mújol, mojama de Barbate, bonito curado, tarantelo y ventrescas de atún en aceite. Si te quedas con hambre, date un paseo hasta El Faro y empieza por donde quieras, no hay nada malo:

tortillitas de camarones, langostinos de Sanlúcar y un arroz de lo que desees, negro con chocos o caldoso con carabineros o sin ellos. Si la economía te lo permite, un día es un día, no dejes de pasar por A Poniente, ahí deslumbra Ángel León, que tiene todo el presente y todo el futuro por delante.

Parada 9: San Sebastián

Al Mercado de La Bretxa en San Sebastián hay que entrar de rodillas. Es un espacio impoluto, muy bello. La carne, los pescados, las verduras están en el sótano. Fuera, bajo una marquesina, se apostan las caseras, que ofrecen lo que acaban de recoger del huerto.

Las paradas rebosan de chuletones, rodaballos gigantes, merluzas, besugos, angulas en temporada, mariscos, aves, pichones, quesos… Y hay un bar, el Azkena, con pinchos memorables.

Parada 10: Santander

El Mercado de la Esperanza de Santander reúne todo lo que uno espera: calidad, producto de proximidad y conservas extraordinarias. No sé si a estas alturas he demostrado suficientemente mi pasión por las conservas. Creo que por las de anchoas he dejado algún rastro. En un viaje de Asturias a

Bilbao durante la gira de *Vivir para cantarlo* me desvié hacia Santoña y perdí la noción del espacio y del tiempo para dedicarme a comprar conservas de anchoas que consumimos en los años siguientes. He dicho consumimos y no es exacto, yo regateo a mi familia la anchoa, a unos porque les da igual y a otros porque no me la reclaman, así que a hurtadillas…

El Mercado de la Esperanza es un edificio protegido, amplísimo, hermoso, y está situado en el centro de la ciudad, detrás del ayuntamiento. Arriba se encuentran las carnes, las verduras y las frutas y abajo están los pescados, los mariscos y las conservas (bonitos, anchoas…). También se pueden comprar quesos sublimes (tresviso, queso de nata, quesucos de Liébana) y embutidos.

Parada 11: Ayamonte

El Mercado de Ayamonte es muy abigarrado, modesto y muy limpio. Está lleno de pescados y chacinas, aparte de todo lo demás. Por ejemplo, se pueden comprar pintarrojas (gatos en Menorca) o jureles, que les gustan mucho a los del otro lado de la raya, a los portugueses. La marisquería de David y Ana tiene gamba blanca de Huelva, la mejor, y también roja, además de langostinos listados o rayados, carabineros pequeños y gigantes, gambas y gambones.

Hay buenos puestos de caza, que en Huelva abunda: conejos de monte, zorzales (nota: tengo en la carta un arroz con zorzales muy rico, aunque este año no he podido hacerlo. El pollero me contó de una manera difusa que este año no le habían llegado, que estaba prohibido cazarlos), perdices, jabalí y codornices. Como es frontera también hay productos portugueses: quesos de cabra o pasteles de Belém. Se encuentra también mucho encurtido y mojama y mucha conserva excelente. Hay ratai, que son recortes de la mojama que se utilizan para aliñar ensaladas, y bacaladillas oreadas en los balcones de las casas o en los barcos, después de sepultarlas en sal. Uno se puede topar con más de un puesto extraordinario dedicado solamente al atún de almadraba con solomillos, lomos, ventresca, morrillo, mormo y espineta (que era la parte desechable del atún pero con la que la gente con menos posibles hacía guisos de patatas exquisitos que se comen en algunos restaurantes, por ejemplo en la abacería La Purísima). Es posible comprar coquinas, galeras, chirlas que te salpican cuando pasas por delante o chocos que puedes hacer a la plancha, con patatas o habitas de temporada. El otro día hice chocos con guisantes de lágrima. También se puede disfrutar de corvina, rodaballo, caballa y zalemas (mojarra en Menorca), que no son muy recomendables para comer fritas o a la plancha porque tienen demasiadas espinas, incluso para mí, pero hacen un caldo estupendo. No faltan borriquetes o falsos meros y congrios; a ser posible, pedidlos siempre de la parte abierta, del medio hacia atrás tienen espinas, incluso atravesadas. Lo que quiero decir con esto es que normalmente en los pescados puedes saber dónde están las espinas; en el congrio no, están dispuestas a capricho.

Hay tiendas de conservas excelentes alrededor del mercado para poder conseguir latas de melva, caballa, bonito, atún, mejillones, pulpo, melva canutera (que es diferente a la otra en tamaño, color y sabor), jurelillos... También hay embutidos maravillosos porque la sierra de Aracena está ahí arriba y los ibéricos que bajan son increíbles, ya sean jamones, paletas, chorizos, morcones...

Parada 12: Murcia

En Murcia siempre se ha comido bien. El embutido tiene mucha personalidad, es diferente, y la huerta espectacular. El mar les da salazones. El Mercado de Verónicas de la capital está muy a mano del centro, junto al río Segura. Es un hermoso edificio. Tiene bar en la planta baja con buenos desayunos y además te cocinan productos que hayas comprado. También se da esta práctica en los bares de alrededor del mercado, donde a primera hora algunos parroquianos se echan un belmonte —café con chorrito de brandy—. El mercado necesita reformas y es demasiado tradicional. La verdad que es una pena porque si se abriera a otras posibilidades tendría muchos más visitantes que consumirían, no sé si compradores.

En los bares del mercado y alrededores puedes comerte unos michirones, que es un guiso de habas secas no muy comunes pero muy populares en Cartagena y en Murcia en general, que se cocinan con patatitas nuevas, tocino ibérico, chorizo, jamón, ajo, laurel, pimentón y guindillas, o unos paparajotes, que se hacen con hojas de limonero, harina, huevos, levadura, canela y azúcar. Se fríen las hojas rebozadas en esa mezcla y el azúcar por encima. Buenísimos los paparajotes.

El mercado rebosa de productos excelentes, frutas y verduras, como no podía ser menos teniendo la huerta al lado. También hay pescados y salazones en la planta de abajo. Así encuentras variedad de estos productos: huevas de mújol, bonito de barca y de grasa, caballa salada y seca —que también se conoce como estornino—, garum de huevas de pescado, hueva de atún rallada para ensaladas, huevas de bonito —garrofeta— y de atún, corvina, bacalao, maruca, merluza y mojama de atún.

Probé por vez primera el caldero del mar Menor en un restaurante en Cabo de Palos, El Mosqui, en los setenta y me gustó mucho. Es mejor comerlo al mediodía. Es diferente, un poco caldoso, más bien diría que meloso, pero ese caldo tiene fundamento, pues lleva pescados mayores y menores, gamba, ñora y ajos. Se prepara en un caldero de hierro. Cuando el caldo del pescado contiene piezas nobles te las sirven en la mesa tras el arroz, pero esos pescados ya no tienen noticia de su sabor y no merecen la pena. Popularmente ese caldo se hace con morralla y es excelente, y no existe el teatrito de sacar los pescados exhaustos a la mesa. El arroz es lo que importa. Les gusta en Murcia acabar con un «asiático»: café, leche condensada, coñac y canela.

Conocí El Rincón de Pepe, en Murcia capital, también en los años setenta. Muchos calderos hemos comido allí y verduras fastuosas, como las perdices de lechuga, las morcillas de verano —que son puramente vegetales— o el zarangollo, un revuelto de huevo, cebolla y calabacín. Los embutidos murcianos tienen mucha personalidad, un sabor distinto y especias diferentes. Hace años, camino de Mojácar, al llegar a Molina de Segura atajábamos para salir a la carretera de Almería y parar en Javalí Nuevo. Allí, en una pequeña carnicería, comprábamos embutidos. Las morcillas de arroz o de cebolla, el chorizo, el imperial de rosco, el chiquillo… son sabores diferentes a cualquier otro embutido de los que conocemos. Si en Marruecos comieran cerdo, lo adobarían así.

Parada 13: Bilbao

En el casco viejo de Bilbao está el Mercado de La Ribera, un hermoso edificio, como un barco varado en la ría, un poco más arriba del Teatro Arriaga. No solo se compra, sino que se come y se bebe asomados en una terraza a esa ría del Nervión hasta hace nada infecta. Es el milagro de Bilbao, las decisiones políticas que son capaces de transformar toda una ciudad, de convertir un espacio hostil en otro amable, antes de que políticas puntuales los coloquen en el centro de todas las miradas. Una alegría.

Para qué hablar de hortalizas, frutas, pescado, mariscos, y conservas. Eso está de más. Lo mejor está ahí. Demuestran su poderío. En el espacio gourmet, con mesas corridas, convive lo más tradicional con otros sabores: desde un asador hasta una coctelería con destilados de medio mundo, vinaterías con gildas diversas y *wok* o *sushi*.

Con lo de la gilda hay gente que no sabe de qué le hablan. Es el pincho más pinchado en el País Vasco. Toma el nombre de la película de Charles Vidor protagonizada por Rita Hayworth y Glenn Ford. Resulta que este chico le da una bofetada de época a esa belleza, que era la más. De la estilización de Rita nace la gilda, aperitivo imprescindible, ya sea de piparra, aceituna y anchoa, la original, u otras derivas, por ejemplo con aceitunas, cebolletas, piparra y boquerones, o con anchoa blanca en vinagre, cebolla, aceituna, vinagre, ajo y perejil. Todo eso con un vermú Yzaguirre, Petroni, Perucchi o Martínez Lacuesta. Tendemos a creer, y es cierto, que los nombres italianos nos interesan más, así somos de paletos, pero todos son fabricados aquí. No es fácil hacer un buen vermú, hay muchos malos. Se trata de buen vino y sobre todo una buena mezcla de hierbas... Por cierto, a la gilda en Navarra la llaman pajarico. Los navarros siempre a su bola.

Y me detengo ahora en un par de lugares del mundo en cuyos mercados también he pasado mucho tiempo.

Lisboa

El Mercado da Ribeira ha cambiado mucho. Era un mercado al uso que decayó hasta tocar fondo. En las ciudades la gente prefiere las grandes superficies, cuando no compra directamente *online*. Este mercado es espléndido arquitectónicamente, enorme, y le han insuflado vida con pequeños puestos de cocinas variadas con mesas corridas donde comes lo que compres en cualquiera de los mostradores, también en taburetes acodados en la barra. Aunque una mitad conserva puestos convencionales y sigue languideciendo, la otra es un contenedor con ambientes estupendos y cocinas diversas que van de la pizza a las hamburguesas, de una marisquería con *niguiris* de sardina a una variedad de cocinas como la asiática o la india; de puestos de conservas, pescados, chocolates, hierbas aromáticas o zumos de frutas a vinaterías, pastelerías, bacaladerías… El problema, al igual que en el Mercado de San Miguel en Madrid o La Boquería en Barcelona, es que puede morir de éxito. Se masifica tanto a determinadas horas y en determinados días que resulta incómodo y difícil conseguir un lugar para sentarse o arrimarse a las barras más concurridas.

Ciudad de México

Hace años madrugaba en Ciudad de México y me iba al Mercado de Jamaica a buscar todo tipo de frutas y verduras.

Era medio salvaje, un recinto entonces sin techar, y a primera hora veías llegar a los vendedores y armar su pirámide de chiles jalapeños, serranos o poblanos, bien diferenciados; en pirámides más pequeñas colocaban el chile habanero, de árbol, y en otras aún más pequeñas el chile piquín. Al lado situaban los secos, chile pasilla, guajillo y muchos más.

La variedad de flores era espectacular: los diferentes tipos de dalia, la deslumbrante pascua, girasoles, cempasúchil (la más bella), alcatraces, margaritas, tulipanes, rosas, begonias, capuchinas, narcisos, malvas, iris, hortensias, jacintos,

Mercado de Jamaica

amapolas y, la más rica de todas, la flor de calabaza. Esta la he comido en quesadilla con tortilla mexicana, revueltas con huevo, rellena de queso de Oaxaca, en crema de calabaza, coronándola, y, como más me gusta, en tempura, porque nada enmascara su sabor.

Ahora el Mercado de Jamaica es mucho más grande, está techado y tiene menos gracia. Es más profesional. Hay muchos puestos repolludos donde te preparan centros de flores, coronas para difuntos y ramos de novia. Hay más flores que verduras. Sigue estando lejísimos del centro, al menos de donde uno se mueve habitualmente.

También he ido en Ciudad de México al de La Merced, que es muy de barrio. Ahí puedes encontrar frutas, legumbres, especias, dulces y carnes, pero también estropajos. El de Sonora, muy cerca, es más incomprensible para un europeo, pues hay mucho tenderete esotérico, brujeril, santerías, animales exóticos disecados, patas de carnero, búhos, brebajes para hacer limpias, zorrillos, pavos reales, borreguitos, avestruces, pequeños cocodrilos, nutrias disecadas, barbis, plantas medicinales y jarabes de hierbitas que pueden tenerte sentado en el váter cuarenta y ocho horas; también puedes comer gorditas o quesadillas.

Ciudad de México, siempre tan contradictoria, te ofrece en este mercado, el de Sonora, murales sobre cómo la ciencia avanza o acerca de la lucha de clases, así como imágenes de la vida cotidiana del barrio. Los mercados del interior acarrean más historia y algunos de ellos fueron pintados por discípulos de Diego Rivera. Uno tiene nombre de presidente: Abelardo. También cuenta con biblioteca en su interior. ¿Quién da más?

El Mercado de San Juan es feo de cojones. Está en el Centro Histórico y encuentras de todo, hasta especies en trance de desaparecer. Hay gusanos de maguey, víboras, cocodrilos, chapulines —grillos—, huevos de hormiga, venado, armadillo... También se hallan quesos europeos mal ejecutados, hierbas y flores comestibles. Como en todos los mercados mexicanos, no te irás sin comer algo exquisito, una torta —bocadillo— ahogada o unas carnitas con unas tortillas y su picante a voluntad. A las nueve de la mañana no está mal para arrancar el día. También puedes hacerlo con un caldo de tuétano y una ración de chivo estofado... y ya has comido para todo el día. Aquí es donde compraba criadillas, sesos, riñones para cocinarlos en casa de nuestros buenos amigos Marisol Márquez Padilla y Felipe Santander —adoptaron dos hijos, Voltan, que es mi ahijado, y Jairo; a su vez Marisol es madrina de mi hija Marina—, pero esos mondongos que compré en el mercado, al ser de animales de más envergadura (en España suelen ser de cordero), tenían un sabor más fuerte y, por qué no decirlo, desagradable y no tuvieron mucho éxito.

9

Reflexiones alrededor del mundo animal

Me resulta en general insoportable la relación con los animales —¿mascotas?— que la gente ha establecido de unos años a esta parte… Cualquier tipo de animal: puede ser una serpiente pitón, una iguana, un cerdo vietnamita o una mofeta. Conozco a un matrimonio al que el cerdo le creció tanto dentro de un piso que resultó insoportable la convivencia, al extremo de que cuando él se iba de viaje el cerdo aprovechaba para atacar a su mujer. Antes, cuando yo era pequeño, la relación con los animales era bien diferente a como es ahora. Y he de decir que esa relación también ha cambiado por mi parte. Se agradece la nueva sensibilidad, pero al menos en las ciudades me resulta un poco enfermiza.

Hacíamos cosas entonces que ahora yo sería incapaz de hacer, como tirar un trapo negro al aire cuando había murciélagos para atraparlos, meterles una colilla encendida entre los dientes y ver cómo fumaban. O cazar una lagartija de buen tamaño, cortarle la cola y meterla en una caja con comida para ver cómo se le iba regenerando. A las ranas también les metíamos una cañita por el culo para insuflarles aire hasta que el estómago se les ponía como una bola.

Los gatos nunca entraban en la casa, eran cazadores de ratones y con eso subsistían y nos libraban a los demás de los roedores. A veces sobraba algo de comida y se lo echaban o migas de pan con una gota de leche. Pero ¿por qué iba a sobrar nada si no había de nada? Se preñaban continuamente y era una simple tragedia que se metiese en tu cuadra o en cualquier otro rincón a parir, porque tenías que deshacerte de la camada recién parida, con cinco o seis gatos. Yo no quería volver a escuchar a mi madre pronunciar unas terribles palabras que parecían inevitables: «De la que vais al colegio, tirad este saco con los *gatinos* al río».

Ya conté en otro lugar que a nuestro vecino Efrén, el herrero, se le antojaba gato a media tarde y salía con la escopeta de cartuchos a cazar. Cobraba la pieza, la despellejaba y se iba con ella a Casa Valerio para que se la cocinasen con tomate. Su mujer, Genta, no se los cocinaba, seguramente acababa de ponerle un plato con sopas de leche al animal. Le preguntábamos: «¿Y a qué sabe el gato, Efrén?». «A conejo de monte, tiene la carne correosa como ellos».

Cuando comenzabas a descubrir la sexualidad, se te iban los minutos mirando el sexo de la perra o de las vacas. A veces cogías una pajita y le hacías cosquillas ahí mismo o tratabas de introducirle un palito. Con las vacas todavía te atrevías, pero con burros, caballos o mulas había que tener mucho cuidado porque te descerrajaban una coz sin miramientos. Tenía yo un primo que se follaba gallinas de vez en cuando como si tal cosa.

Los secretos de las ranas

Estoy en manos de una nutricionista. Un amigo muy querido lo hizo antes y la recomienda. También la escucho en la radio y tiene una risa despampanante mientras propone platos y los disecciona en calorías, proteínas, grasas… El plato siempre viene de la mano de algún restaurante, uno de los últimos fue ancas de rana. El que traía el plato ya cocinado explicó que las ranas provenían de criaderos. Mientras los demás trataban de adivinar cómo se pescaban las ranas, la nutricionista dijo que a pedradas y se rio.

En mi siguiente visita le reproché que nadie de la tertulia, ni el que las aportaba, supiese cómo se capturaban las ranas. Verdad es que entre los comensales no había nadie suficientemente viejo ni suficientemente de pueblo. Le expliqué cómo se pescaban las ranas, con habilidad por encima de todo. Hay que capturarla cuando está tomando el sol cerca de la orilla, a la rana le gusta tomar el sol. Una vez cazada se le da un golpe contra el suelo y, ya muerta, se la despelleja con una navaja. Con esa piel se hace una bolita que se ata al final del hilo de la caña de pescar. Entonces echas la bolita al agua y aprovechas los juncos o los nenúfares, si los hay, para dejar reposar el señuelo sobre una hoja o cualquier otra vegetación que se dé en el agua. La rana se lanza al cebo vorazmente y tú tiras hacia atrás de la caña donde se ha enganchado. De esta manera la sacas del agua y tienes que volverte rápido para ver dónde ha caído. La rana fuera del agua es muy inútil y da saltitos tratando de regresar al agua; tienes que perseguirla y se caza con relativa facilidad. Lo siguiente es acabar con ella: hay que agarrarla por las patas y tirarla con fuerza contra el suelo.

Cuando salíamos a cazar ranas en Quintana de Raneros, muy cerca de León, adonde llegábamos en verano desde Asturias, a «secarnos», solíamos llevar un alambre en forma de círculo que enganchábamos a una trabilla del pantalón y en ese alambre, por la parte de debajo de la boca, que es más blanda, íbamos enganchando las ranas. Ya en casa, separabas las ancas del resto del cuerpo y les quitabas la piel antes de rebozarlas en harina y freírlas en aceite bien caliente. En una jornada de tres o cuatro horas volvías a casa con la cena resuelta para todos. El cuerpo de las ranas no es aprovechable, por lo que se lo echábamos a las gallinas. Las ancas son más sabrosas si las dejas macerar en un agua con un chorrito de vinagre, ajo machacado, orégano y comino en polvo, como el bienmesabe. Si las fríes directamente saben a pollo venido a menos.

La mirada de una vaca

¿Hay algo más guapo que una vaca? Esa serenidad que transmiten… También las hay bravas que embisten, pero la normalidad hablando de vacas es el zen. Meditan mucho mientras rumian y son amorosamente maternales. Siempre tienen el morro humedecido y la curiosidad a flor de piel. Hay razas y razas de vacas; en Asturias, por no ir más lejos, conviven la vaca asturiana de los valles —que es de un marrón clarito uniforme—, la casina o asturiana de montaña —de un color parecido— y la vaca pinta. En Cantabria se encuentra la pasiega, que tiene fama de ser la que más leche produce junto con la holstein de Holanda, la jersey de Inglaterra y la tudanca, también de Cantabria. Son más de carne la frisona, la parda, la pirenaica, la rubia gallega, la menorquina, la palmera, la charolesa, la blanca cacereña, la morucha…

Están presentes en muchas mitologías desde el minotauro hasta hoy, en las pinturas rupestres, en la heráldica, en obras de arte…

Cuando era niño, yo observaba atentamente las maniobras del macho cuando montaba a la vaca de Carmina en la cuadra de al lado de casa. El miembro del toro me parecía tan largo que creía que no podía caber en la vagina de la vaca, pero sí, porque esta mide al menos treinta centímetros. Luego durante nueve meses veía crecer su tripa y me llamaban cuando iba a parir. Nada más bello que ver al ternerito recién nacido tratar de ponerse en pie. Cuando estaba en celo cualquiera de las vacas de Carmina, esta se subía encima de otra como si pudiera montarla; la otra sabía que no y le hacía como un gesto de desdén o le tiraba una pata por alto.

Las vacas son fuente de vida, todo se aprovecha: la leche para sus diferentes aplicaciones y la carne cuando son viejas. A veces les arrebatan a su ternero recién crecido porque hay gente que prefiere su carne, aunque sea menos sabrosa.

Hay actrices que tienen mirada de vaca y suelen ser muy atractivas, con esos ojos muy separados, esa mirada acuosa e imagino que algo miope. Estoy pensando en Michelle Pfeiffer, Milla Jovovich, Uma Thurman, Cameron Díaz y, por aportar una nativa, Blanca Suárez. Hay más.

Los bueyes son distintos, no son sensuales, parecen estar pensando —como los hombres— siempre en lo mismo, pero su carne, su cecina, es inigualable para quien le guste.

Ya he contado que durante años solo sabía hacer parrilladas de carne vacuna, de cordero, a veces de cerdo. Muy rudimentario todo. Ahora siempre me da pereza hacer carne al carbón de encina, menos en verano, que asamos chuletones, chorizos, secreto, pluma, lagarto... Pero mejor que todo esto es llegar hasta El Capricho, en Jiménez de Jamuz (León), cerca de Astorga, y probar cecina, lengua o una chuleta de buey... y después morir —pero antes, si queda hueco, un poco de leche frita—.

10

Algunas recetas
de mis cuadernos

El mar de fondo, trufa, albahaca,
cherry, tomadejín, cebolla,
vino..., cogota de vino tinto,
seca, sopa de 4 partes por el chino.
Reducir, sofa y venado que se
ha parecido con harina y pimienta y frito previamente.
El lomo durante veinticuatro
horas en leche.
Se cuece con la salsa y
la leche. Al final un
chorro de nata.

Arroz basmati con ciboulet.
50 gr. por cada y remueve mucho.

Pedro Olea, Gemelos, Rosa,
Pepe, Diego Galán,
Amaya,
Viña Andanza, 83

□
□
+

tito...
Pastor

Vega Si...

Receta de Perdiz con col

de la cocina de _____ 4-2-98 **Personas** 8

Cinco perdices. Vino tinto. Hierbas.
Zanahoria. Cebolla. Ajo. Col china.
Clavo. Caldo pollo. Nata. Vaso.
Agar 30' las perdices. 3/4. Trufa
Sofreir cebolla + ajo, zanahoria. Pasar
por el chino. Añadir caldo y cocer.
Poner dentro las perdices y aca-
barlas. Deshuesarlas
Hervir hojas de col y poner
dentro perdiz. y darles una vuelta
Pelar uva... la perdiz envuelta
en mantequilla. la perdiz envuelta
meter al horno 10'. añadir a la salsa
las hojas. añadir a la salsa
... gerir. añadir nata y poner por
horrido de los rollitos trufa.
... de los rollitos trufa.
...a + tomate + chorro coñac

...ia. Juanjol.

Unico. 3

VERDINAS CON CALLOS DE BACALAO

Ingredientes para 4 personas

500 g de verdinas • 200 g de callos de bacalao • Caldo de pescado (huesos de rape, congrio y cebolla) • Ajo • Tomate • Pan tostado • Almendras • Avellanas • Ñora o pimiento seco • Romero • Aceite de oliva • Vinagre • Sal • Pimienta

A quien no le guste el bacalao pueden gustarle los callos, son gelatinosos.

En primer lugar se ponen a remojo las verdinas ocho horas y se desalan los callos cuatro horas, cambiando una vez el agua.

Se elabora un caldo rico de pescado con huesos de rape (se le pueden pedir al pescadero), 200 g de congrio (de la parte de la cola) y una cebolla partida en dos.

Después se preparan los callos de bacalao. Tienen una piel negra adherida que se quita fácilmente. Cuando estén limpios se cortan en trocitos pequeños.

Se hace un majado de ajo y tomate y se sofríen los callos en esa salsa, moviéndolos mucho, pues con la gelatina tienden a pegarse al fondo. Cuando se evapora el agua del tomate y el ajo, se añaden las verdinas y el caldo de pescado. Hay que ir probando hasta que la verdina esté melosa, siempre con el caldo a mano porque con la gelatina del callo estos espesan y pueden encallar. A punto de servir, se le da un toque de romesco a voluntad antes de llevar la olla a la mesa.

La salsa romesco puede hacerse mezclando tomates, ajos asados, pan tostado, almendras y avellanas tostadas, ñora o pimiento seco (recomiendo remojar cualquiera de las dos cosas y extraer la pulpa con un cuchillo), un poquito de romero, aceite de oliva, vinagre, sal y pimienta. También encuentras salsas romesco envasadas y son decentes.

Prueba para que esté a tu gusto, los invitados que se adapten. Y rectifica de sal cuando el potaje esté acabado.

ARROZ CON ORTIGAS DE MAR Y GAMBA ROJA

Ingredientes para 4 personas

Buen caldo de pescado (periquitos o camarón mediano, galeras, cangrejitos y cabezas de gambas) • 500 g de arroz albufera • 8 gambas rojas medianas • 8 ortigas de mar • 1 cebolla • 2 dientes de ajo • 1 tomate mediano • Vino blanco • Sal • Pimienta

Este caldo de pescado, que sirve para hacer muchos otros platos porque es exquisito, se lo enseñó el gran cocinero Joaquín Felipe a Marina, mi hija, y ella me lo transmitió.

Para empezar se hace un caldo de pescado metiendo al horno a 200 grados en una bandeja periquitos o camarón mediano (pueden ser congelados), galeras si se encuentran, cangrejitos (congelados o no) y las cabezas de las gambas, regado con un chorro de aceite. En unos treinta minutos está listo.

Se trocea una cebolla en rodajas y se dora sin aceite en una sartén hasta que esté muy amarilla sin llegar a quemarla. Se reserva.

Al tiempo, en una olla donde luego se volcará todo lo anterior se hace un sofrito con cebolla, ajo y un tomate cortado en cuatro. Ahí se vierte agua y todo lo que está en la bandeja del horno, más la cebolla reservada. Se deja que cueza lentamente apretando de vez en cuando hacia abajo para que expulse todos los jugos. Después se cuela. El caldo tirará a amarillento por el dorado de la cebolla.

Para arrancar el arroz se echan dos cucharadas soperas de tomate triturado, ajo, un chorro de vino blanco y el arroz y se rehoga a fuego suave antes de empezar a añadir el caldo. A los quince minutos se echan las ortigas de mar, que hay que repasar antes por si tienen alguna adherencia, roca o alga no identificada. Cuando ya está reposando el arroz se añaden las gambas. Aquí se comprueba el punto de sal.

El arroz debe quedar más meloso que caldoso. Para ello hay que manejar el caldo sabiamente.

Ortigas de mar

Al Amor de La Lumbre

PERDIZ EN SALMÍS ENVUELTA EN COL CHINA

Ingredientes para 4 personas

**2 perdices (fuera de temporada el pollero las tiene congeladas)
• 1 col china • 2 dientes de ajo • 1 cebolla mediana • 1 botella
de vino tinto • 100 g de apio nabo • 2 cucharadas soperas de
nata de soja • 4 granos de clavo • Sal • Pimienta**

En este plato las perdices se cocinan por su lado y más tarde se encontrarán con las hojas de col.

Primero se va preparando el guiso de perdices. Se rebozan las perdices levemente con harina y se fríen ligeramente en la olla donde después se vayan a hacer. Se dejan aparte.

En ese aceite se fríen los ajos, el apio nabo cortado y la cebolla picada y cuando esté dorado se agrega un chorro de vino tinto. Se tritura y se le añade la nata. Después se ponen las perdices en la olla y se cubren con vino tinto.

Mientras se cocina el guiso a fuego lento se separan las hojas de las coles chinas, que deben ser de buen tamaño, y se hacen al vapor. Una vez hechas se reservan y se les quita lo más grueso del tallo.

Cuando el guiso está listo se sacan las perdices y se deshuesan. Mientras, se deja que la salsa siga cociendo para reducirla.

Para prepararlo, se envuelven dos cucharadas de perdiz en cada hoja de col y se pasan a otra olla, donde se añade la salsa en la que se cocieron y se cocinan a fuego lento diez minutos más antes de servir. Están más ricas al día siguiente.

ARROZ CON TORDOS

Ingredientes para 4 personas

12 tordos ● 500 g de arroz variedad Xenia ● Caldo de carne ●
1 cebolla ● 3 dientes de ajo ● 2 cucharadas de tomate triturado
● Un manojo con tomillo, ajedrea y romero ● 12 bolitas de bayas
de enebro ● Coñac ● Aceite de oliva ● Sal ● Pimienta

Si no se encuentran frescos, hay tordos congelados todo el
año.

En primer lugar se extraen las pechugas, los higaditos y los
riñones y se dejan macerar dos horas con un chorro de coñac, el manojo de hierbas y las bayas de enebro.

Con las carcasas se hace un buen caldo, que puede arran-
carse con uno de carne (morcillo y dos huesos de rodilla).

En una tartera se prepara un sofrito de cebolla, ajo y tomate
y cuando esté listo se agregan las pechugas, los higaditos y
los riñones. A continuación se incorpora el arroz, que se cuece a fuego medio con el caldo de cocer las carcasas de los
tordos, que se va incorporando poco a poco. El proceso dura
alrededor de dieciocho minutos. Para comprobar si está en
su punto se prueba el grano; debe quedar meloso.

CARRILLERAS CON COLA

Ingredientes para 4 personas

12 carrilleras de cerdo ● **Harina** ● **Aceite de oliva** ● **4 dientes de ajo** ● **4 cucharadas de tomate triturado** ● **1 cebolla** ● **Refresco de cola** ● **8 granos de clavo** ● **Medio limón** ● **Sal** ● **Pimienta**

Primero hay que quitar las pieles a las carrilleras, pasarlas por harina y freírlas ligeramente en una olla. Se reservan.

En la misma olla se prepara un sofrito de ajo, cebolla y tomate y se añade cola. Después se tritura y se reserva.

Se ponen las carrilleras en el sofrito y se añade refresco de cola hasta cubrirlas, los clavos y medio limón exprimido. Se van cociendo lentamente, añadiendo más cola si es necesario para que estén cubiertas durante toda la cocción. El proceso dura alrededor de dos horas; hay que ir pinchando las carrilleras hasta que no ofrezcan resistencia.

En esta versión para el libro están acompañadas de un flan de apio nabo, para el cual se cuecen 200 g de apio nabo y se añaden dos cucharadas de nata, una pizca de nuez moscada, sal y pimienta. A continuación se tritura, se rellenan cuatro moldes y se hacen al baño maría dentro del horno cubiertos con papel de plata; son veinte minutos a 200 grados.

ALCACHOFAS CON PAPADA DE CERDO Y TRUFA

Ingredientes para 4 personas

16 alcachofas • **200 g de papada de cerdo** • **Caldo** • **Trufa rallada** • **Jengibre** • **Ponzu** • **Ras el hanut** • **Vino blanco** • **Sal** • **Pimienta**

El día anterior se especia la papada con jengibre y *ponzu* y se cuece a baja temperatura doce horas a 70 grados.

Al día siguiente se pasa la papada al horno con un chorro de vino blanco durante noventa minutos a 150 grados.

Mientras, se cuecen despacio las alcachofas (peladas previamente) en un buen caldo de carne o de pollo especiado con *ras el hanut.*

Se trocea la papada utilizando las partes más magras. Se emplatan las alcachofas en círculo y en el centro los trozos pequeños de papada. Por último, se ralla trufa por encima.

CREMA DE COCOCHAS CON JENGIBRE Y GRANADA

Ingredientes para 4 personas

Caldo de pescado (cabeza de merluza y cebolla) • 400 g de cocochas de merluza • 4 cocochas de bacalao • Jengibre • Granada • Sal • Pimienta

En un buen caldo de pescado suave (se puede hacer con una cabeza de merluza y media cebolla) se cuecen las cocochas durante ocho minutos a fuego vivo, junto con jengibre rallado.

Una vez listo se tritura todo y se pasa por un chino. Se comprueba el punto de sal y pimienta.

Para servir se corona con una cococha de bacalao a la plancha y unos granos crudos de granada.

FIDEUÁ

Ingredientes para 4 personas

400 g fideos nº 0 • **1 cebolla mediana** • **1 pimiento italiano** • **3 dientes de ajo** • **2 tomates** • **300 g de pescado de roca** • **300 g de gamba blanca** • **Aceite de oliva** • **Sal** • **Pimienta**

La fideuá que hago solo lleva fideos del número 0, *capellini*. Me la enseñó Mercedes Milá.

Se empieza por el caldo. Para ello en una cacerola se sofríen cebolla, ajo, pimiento italiano y tomate. En este sofrito se vierte agua —la necesaria para luego poder triturar— y ahí se cuecen las gambas y el pescado de roca. A continuación se tritura todo y se pasa por un chino. Hay que tener cuidado de que el caldo no quede muy espeso.

En una paellera se echa un chorro de aceite y se fríen muy lentamente los fideos, que se vayan dorando sin quemarse. Tarda un rato y hay que estar removiendo continuamente. Se vuelcan los fideos en un colador grande para dejarlos sin más aceite que el que se ha impregnado en ellos. Acto seguido se extienden de nuevo en la paellera y se cubren con el caldo. Los fideos se irán irguiendo como pelo hirsuto y al que le guste el *socarrat* puede arriesgar un poco hasta que el olor a quemado los delate.

En la mesa, imprescindible, pimienta negra y sal a voluntad de cada uno.

PEROL DE PATATA
Y CARABINEROS

Ingredientes para 4 personas

6 patatas rojas medianas • 12 carabineros • Una hoja de laurel • 4 dientes de ajo • 2 cebollas • 1 tomate triturado • Perejil • Fumet de pescado (raspas y raja de congrio)

Para el fumet se fríen en una olla con un chorro de aceite de oliva unas raspas de pescado y una raja de congrio; a esto se añaden ajo, tomate, laurel y una cebolla y a continuación agua hasta que hierva. En este momento se baja el fuego y se deja cocer veinte minutos. Una vez listo, se pasa por un colador y se reserva.

Para las patatas se prepara un sofrito con una cebolla, ajo, perejil y un tomate triturado.

Mientras, se pelan las patatas, se cascan de buen tamaño y se incorporan al sofrito. Tras darles unas vueltas se cubren con el fumet y se cocinan hasta que estén cocidas. Finalmente se incorporan los carabineros y se cuecen tres minutos.

CEVICHE DE CORVINA Y MARISCOS

Ingredientes para 4 personas

Lomos de una corvina (600 g aproximadamente) ● 8 zamburiñas ● 250 gramos de berberechos ● 250 g de mejillones de roca pequeños ● 300 g de gamba blanca ● Limas ● Cebolla encurtida ● Hojas de cilantro ● Ají ● Maíz blanco (lo encuentras congelado en lugares que vendan productos latinos)

Hay que pedir al pescadero que limpie una corvina, le quite la piel y saque los lomos. Conviene repasar bien en casa para que no tenga ninguna espina.

Se abren los berberechos con un golpe de fuego y el jugo de media lima; lo mismo se hace con los mejillones —por separado, ya que cada uno necesita un tiempo diferente—. Nada más abrirse se separan del fuego, se dejan enfriar y se extrae el bicho. Se reservan, así como el líquido en el que se han abierto, colándolo, ya que puede tener algo de arenilla.

Se separan las zamburiñas de su concha, se hacen en la plancha y se apartan.

Se pelan las gambas.

Se trocea la corvina a gusto de cada uno y se sepulta en el jugo de lima preparado y colado para que no tenga pulpa, cinco minutos si los trozos son pequeños y diez si son un poco más gruesos. De ahí se pasa a una fuente de servir, donde se mezcla con los mejillones, berberechos, zamburiñas, gambas, rodajitas de ají —como pica, estas se podrían dejar aparte para que cada cual las incorpore a su gusto, aunque el resultado del plato nunca llega a ser picante, sino sabroso—, un puñadito de maíz y finalmente la cebolla encurtida (cortada fina y macerada en una mezcla de lima y vinagre de vino blanco durante treinta minutos antes de incorporarla al ceviche).

Por último, el cilantro tiene admiradores y grandes detractores, en casa también, así que lo mejor es hacer una picada de cilantro y que cada cual decida. Yo, por supuesto, con cilantro.

Receta de **Ceviche de corvina y mariscos** Personas **4**

de la cocina de

Lomos de corvina limpios
8 zamburiñas
250 gr. de mejillones de roca pequeños
300 gr. de gamba blanca
250 gr. de berberechos
Limas
Cebolla encurtida
Cilantro
Ají

Pastora, Darío, Edu, Mar

Vino Ribeiro Alecrim
Licores

GUISO DE MORROS, MANITAS Y LENGUAS CON OREJA RUSTIDA

Ingredientes para 4 personas

300 g de morro de ternera • 16 manitas de cordero lechal • 8 lenguas de cordero • Oreja de cerdo • Tomillo • Clavo • Orégano • Ajo • Tomate • Cebolla • Apio nabo • Aceite de oliva • Sal • Pimienta • Ras el hanut

En una olla exprés cubrimos el morro, las manitas y las lenguas con agua, añadimos una rama de tomillo, ocho granos de clavo y orégano y cocinamos durante treinta minutos. El morro tardaría más, pero si te lo trocean se hace al tiempo.

Abierta la olla, se quitan todos los huesecillos de las manitas y la piel de las lenguas y se parte todo en trocitos pequeños.

Mientras tanto se preparan dos cosas. Por un lado, se cuece la oreja de cerdo media hora como mínimo, después se sazona en *ras el hanut* y se fríe en abundante aceite. Se reserva.

Por otro lado, se hace un sofrito con ajo, tomate y cebolla, al que se añaden dos tazas del caldo de cocer los elementos y se tritura. Aquí se cocerán las manitas, el morro y las lenguas, ya troceadas, muy despacio, durante veinte minutos más.

Entretanto, se corta una rodaja gruesa de la parte redonda del apio nabo y se cuece al vapor. Hay que ir pinchando para comprobar que está tierna, momento en el que se saca.

Cuando se enfríe se fabrica un «plato» extrayendo la pulpa del centro. Sobre eso serviremos el guiso, coronándolo con el trozo de oreja reservado.

Yo les pondría *harissa*, que es picante, pero si no hay consenso, que cada uno elija en la mesa.

Apio nabo

MERLUZA A LA SIDRA

Ingredientes para 4 personas

4 lomos de merluza de 125 g cada uno • **2 tomate triturados** • **4 dientes de ajo** • **Laurel** • **Patatas** • **Harina de freír pescado** • **Sidra natural** • **Sal** • **Pimienta**

Esta receta se prepara con lomos de merluza limpios y sin piel. Tras enharinarlos con harina de freír pescado, se doran ligeramente y se reservan.

Acto seguido se cortan las patatas en rodajas un poco gruesas y se fríen sin que lleguen a dorarse.

En tercer lugar se prepara en una sartén un sofrito de tomate rallado, ajo y laurel, que cuando esté listo se tritura y se le añade sidra natural. A continuación se cuece unos minutos para que el olor a sidra sea más leve.

En una fuente de horno se ponen las patatas, se vierte por encima el sofrito con la sidra y se mete al horno a 200 grados. Se hacen durante diez minutos y a continuación se incorporan los lomos de la merluza. Si son del peso ideal (125 gramos), en ocho minutos están listos.

RAYA A LA MENORQUINA

Ingredientes para 4 personas

4 trozos de raya de 200 g aproximadamente • 4 tomates machacados pero sin triturar • Patatas • Aceite de oliva • 4 dientes de ajo • 1 cucharadita de azúcar • Pan rallado • Sal • Pimienta

Hay que pedir al pescadero que prepare los trozos de raya.

Primero se ralla el suficiente tomate para cubrir después toda la raya y las patatas.

Se cortan las patatas en rodajas y se fríen, sin que se doren pero que ya sean comestibles. Estas patatas serán la cama de la raya cuando se meta al horno.

En una sartén se fríen picaditos los ajos y a continuación freímos los tomates con el azúcar.

Se coloca la raya sobre las patatas en la fuente de horno y se vierte por encima el sofrito de tomate. Por último se espolvorea pan rallado sobre las patatas y la raya.

Con el horno a 200 grados, en diez-doce minutos está listo.

FABADA ASTURIANA

Ingredientes para 8 personas

1 kilo de fabes • 4 chorizos asturianos • 1 morcilla asturiana • Un trozo de lacón de 400 g aproximadamente • Tocino curado en sal • Tocino fresco

El día antes se ponen *les fabes* en remojo durante ocho horas al menos. Se cubren bien, asegurándose de que las de arriba no queden al aire, ya que se despelucharían.

Se desalan el lacón y el tocino salado durante seis horas al menos en agua fría; si es posible, conviene cambiar el agua un par de veces.

En una olla grande se colocan debajo las carnes y encima *les fabes,* se cubre todo con agua y se pone a fuego fuerte. Tras desespumar se baja a fuego medio. Se deja que cuezan juntos una hora; luego yo separo todo en tres ollas distintas. En una el lacón, los chorizos y los tocinos con un poco del caldo, y en otra las morcillas, también con caldo. Esos caldos los voy añadiendo a la olla de *les fabes,* al gusto, más o menos morcilla, más o menos chorizo, tocino, lacón, y desgrasando si se quiere.

Casi todas *les fabes* suelen deshacerse y conviene, para engordar el caldo, ir moviendo con una mano la olla, de modo que salgan a la superficie las rotas. Estas se dejan aparte y se machacan sobre un colador; lo que queda, mojando el colador en la fabada, va pasando al caldo.

Agradecimientos

A todos los cocineros que me
han enseñado a cocinar.

A Gonzalo Albert, mi paciente editor,
y a Paco Navarro, fotógrafo y
probador de todos los platos
menos las manitas de cordero...

Este libro se terminó
de imprimir en el mes de
noviembre de 2019

Pedro Olea, Gemelos, Rosa.
Pepe, Diego Galán
Amaya
Viña Ardanza 83